JN125096

植原悦二郎の国民主権論

―日本国憲法の源泉

高坂　邦彦

Kunihiko Kosaka

龍鳳書房

本書をその完成を見ることなく逝かれた高坂邦彦先生の御霊に献げます

はじめに

植原悦二郎が大正デモクラシー期の自由主義者として活躍した政治家だったということを知る人も少なくなってしまったが、政治家だったというのは彼の一面にすぎない。じつは、彼はイギリス型の立憲政治に精通した本格的な政治学者であった。

明治憲法は前近代的な悪法だったというのが今日の一般的な常識なのであろうが、イギリス政治学者の植原悦二郎に言わせれば、明治憲法そのものが悪かっただけではなく、当時の憲法学者たちの解釈と運用も間違っていたのである。

ロンドン大学の London school of Economics and Political Science で政治学博士号を取得して明治四十三（一九一〇）年に帰国した植原は、官学のドイツ政治学に対抗するイギリス政治学者として華々しい活躍を始めた。彼は大胆にも、明治憲法を「国民主権」「象徴天皇」「責任内閣制」であると解釈した著書『立憲代議政体論』を上梓した。

本書一〇七～一二四頁で説明するように、明治憲法はドイツ憲法とイギリス憲法の両方の特性を併せ持っていたのである。したがって、植原のようなイギリス・モデルの憲法解釈があっても何ら奇異なことではない。

しかしながら、植原のイギリス・モデル憲法解釈論は、当時、プロシャ国家学が「官許正統学説」だった日本の憲法学界には受け容れられなかった。

戦後の新憲法は、ことごとく、植原がすでに明治四十五年以来、何度も繰り返し主張してきたとおりの内容になった。この事実は、当時の植原の主張がきわめて正当なものであったことを証明しているにもかかわらず、我が国の憲法学史上に植原の名前は記載されてこなかった。

ところが二〇〇四年に「戦後の日本国憲法の源泉は植原悦二郎の憲法論である」ことを明らかにした詳細かつ大部の研究書が刊行された（原秀成『日本国憲法制定の系譜』全五巻・日本評論社）。

著者の原秀成氏はアメリカ公文書館の記録を精査した研究書の第一巻冒頭で、六〇頁余を植原悦二郎の憲法論の説明に充て、「占領軍が日本政府に示した戦後の憲法草案は、一九一〇年にイギリスで発表された植原の学位論文が基になっている」ということを論証した。つまり、日本国憲法はアメリカの「押しつけ」ならぬ植原憲法論の逆輸入のようなものであるというわけである。

評論家・立花隆氏はこの研究書を高く評価し、「憲法制定史はこの本を抜きにしては語れなくなった」とまでいって賞賛している（「私の読書日記」『週刊文春』平成十七年六月二日号・

一四〇頁)。

植原の主要な憲法論を集録した日本憲法史叢書第九巻『植原悦二郎集』(高坂邦彦・長尾龍一編 信山社 二〇〇五年)が刊行されたのも、彼が憲法学史上の重要人物と目されたからに他ならない。

本書は、原秀成氏が明らかにした憲法学者としての植原悦二郎の真価を多くの方々に理解していただけるようにと願って著したものである。

二〇二二年八月

高坂邦彦

目次

第二編　憲法学者宮澤俊義教授の足跡――183

第一編　植原悦二郎の生涯と憲法論

第一章　新憲法の制定課程と植原悦二郎の憲法論

新憲法は「押しつけ憲法」だという言い方をする人もいるが、たとえ押しつけられたとしても、押しつけた側が悪いとばかりは言えない。日本の学者たちが、当時の国際状況と日本がおかれた立場も知らぬげに、あまりにも的外れな対応をしていたからである。

当時は、占領軍のことを進駐軍と言い換え、敗戦を終戦と言い換えた。戦時中は敗走を転進といい、絶望の果ての集団自殺を玉砕と言い換えた。事態を直視して現実的に対処をしなければならないという時に、その問題に正対して対処することを回避し、言葉の言い換えをして深刻な事態を隠蔽したのである。日本の戦争のやり方はそうだったが、戦後の憲法改正に際しての当事者たちも、まさにそれと同様な対処の仕方だった。

第一節　新憲法の制定過程とその事情

①近衛文麿・佐々木惣一案

終戦処理用に組閣された東久邇宮内閣の国務大臣となった近衛文麿は、ＧＨＱを訪れダグラス・マッカーサーから憲法改正を策定すべきとの示唆を得た。近衛が佐々木惣一（京都大学教授）とその作業にとりかかっている間に、近衛自身に火がついた。ニューヨーク・タイムスやニューヨーク・ヘラルド・トリビューンに、「近衛は戦争を起こした戦争犯罪人であって、新憲法を起草する資格などない。マッカーサーは、なぜ彼を戦犯に指定しないのか」という批判記事が載ったのである。

近衛は戦前・戦中の人気政治家だった。人気のゆえんは今日でいうポピュリズム、つまり俗受けする政治をしたからである。彼は現場で解決済みだった偶発的な盧溝橋事件をことさら日中戦争に拡大して喝采を浴び、「蒋介石を対手《あいて》とせず」と大言壮語して日中戦争を終りなきものにし、日独伊三国同盟を結んで英米を敵にまわし、南部仏印に侵攻して英米からの石油禁輸措置を招き、大政翼賛会を組織し国家総動員法をつくって国民の口を塞いだ。おまけに、身近においていたブレーンの尾崎秀美《はつみ》（スパイ・ゾルゲの手先）を通して政府中枢の情報がスターリン側に筒抜けだった。日本を対米開戦必至の窮地に陥らせてから開戦の責任を東条英機に押しつけた

彼は終戦間際に、自分は軍の共産主義者たちに踊されていたという内容の「近衛上奏」をしたり、終戦直後には『平和への努力』を著すなど、自己弁護・自己正当化を図ったがアメリカの諜報機関（戦略爆撃調査団）によって軍艦内で厳しく尋問され、戦犯容疑者として拘引される予定の前夜に服毒自殺した。

近衛を告発したのは、ＧＨＱ諜報部調査分析課長ハーバート・ノーマンである（長尾龍一『アメリカ知識人と極東』一八二頁、工藤美代子『悲劇の外交官―ハーバート・ノーマンの生涯』一七四頁）。

今となっては、ノーマンの名を知る日本人はほとんどいなくなってしまったが、終戦後の日本でのノーマンは「戦後派知識人」たちに人気があった。

彼の父親は長野県で農村伝道をしていたカナダ・メソジストの宣教師ダニエル・ノーマンである。ダニエルは誠実で献身的な宣教師として、長野ではクリスチャンからだけでなく市民の皆から敬愛されていた。善光寺の僧侶にさえもファンがいたほどだという。尾崎行雄と一緒に昔の軽井沢の俗化防止につとめ、軽井沢村長といわれた（草柳大蔵『昭和天皇と秋刀魚』二〇五頁）。

息子ハーバートはケンブリッジ大学を卒業後、ハーバード大学で「日本における近代国家の成立」という論文によって学位を得た。戦後、カナダ政府からのGHQスタッフとして出向していたが、彼の論文は日本統治にかかわるGHQ将官たちにとっては教科書のようなものであった。

ところで、日本の知識人たちはノーマンを崇拝し称讃していたが、ノーマンの方は日本の社会を肯定的な暖かい見方をしていたわけではない。アメリカ国務省では、まだ戦争が終わってもいない内に、戦後日本の統治方針について二つの考え方があって互いに対立していた。

戦後の東アジアに「強い中国」を建設して、日本には懲罰的な政策をとろうと考えたのが「中国派」であり、日本を穏健な指導者によって民主国に育てて、米国の味方にしようとしたのが「日本派」である。

ノーマンは中国派だった。だから、マッカーサーの日本派的な施策に対して、「日本を甘やかしすぎる」と思っていたのである。日本へのマッカーサーの「善政」は中国派からみれば悪政である。ニューヨーク・タイムスの近衛批判とマッカーサー批判には、こうした背景があった。

彼はその後、マッカーシー旋風に巻き込まれて、赴任先のカイロで投身自殺を遂げた（兄ハワード・ノーマンは戦後の関西学院大学神学部の復興に貢献した。同学院教授を辞任後、かつて、弟のハーバート・ノーマンと共に幼少期を過ごした信州に帰り、妻グエンと共に塩尻アイオナ教会を設立した）。

②松本烝治委員会案

幣原内閣はポツダム宣言に対応すべく、主な法学者たちを動員して憲法問題調査委員会を設定した。委員長となった松本烝治《じょうじ》は、最初のうちは改憲不要論を唱え、この会は研究会であって、改正案を起草するものではないと述べていたが、次第に自分がおかれている立場についてのみこんでいき、翌年一月末に閣議に改正草案を提出した。

この草案は統帥権独立の廃止その他の改良点はあったものの、天皇の統治権については従前のままの内容だった。その内容がスクープされ、昭和二十一（一九四六）年一月一日の毎日新聞に全文が掲載された。世論も新聞論調も厳しく批判し、抗議が殺到した。法制局長官は、この案は委員の中の一人が書いた私案であって、政府の最終案ではないとして抗議を回避した。

③GHQ案

GHQ（General Headquarters 占領軍総司令部）では、日本人学者に起草させることを諦めて、急遽自分たちの手で模範例を作ることにした。チャールズ・ケーディス以下二十数名のスタッフに対して、九日間でそれを完成させるように指示した。たったの九日間である。即座に起草作業が開始され、連日ほとんど徹夜の共同作業が進められた。あたかも、生徒会役員に会則を作るように任せてはみたが、土壇場の段階で、生徒たちには作る能力がない、間に合わない、ということがようやく分かった教師たちが徹夜でやり始めたようなものである。

蛇足ながら、日本国憲法を起草したGHQのスタッフが、日本軍の法務官レベルの者たちだったと想像するのは大きな間違いである。中核となっていたケーディス大佐はじめほとんどのスタッフは、ハーバード、スタンフォード、プリンストンなど一流大学出身の有能な政府スタッフ、大学教授、弁護士などの高度な法律専門家・法務官僚たちだったのである。

彼らは占領終了後、みんな元の職業に戻った。旧敵国の民主化という理念のために情熱を注いだ彼らの人の好さや使命感が誉められるべきで、「日本弱体化」という政治的動機があったなどと憶測するのは、理念に忠実な彼らに対する下司の勘ぐりというものであろう。

松本烝治はケーディスらの能力を見くびり、舐めてかかっていたので、後で苦汁を飲む羽目に陥った。例えば、スタッフの中に日本育ちでニュアンスの細かい日本語を自在に使いこなすベアテ・シロタのような人材がいることも知らずに、GHQ案三条の「天皇の国事行為は内閣の助言と同意（advice and consent）を要する」という条項のconsent（同意）を意図的に補弼《ほひつ》と誤訳してごまかそうとした。これを見破ったケーディスの憤激をかった松本はその場から退去し、彼はそれ以後、GHQとの関わりを絶っている。その後は、法務官僚・佐藤達夫が仕事を引き継ぎ、二十数名のGHQ職員を相手に孤軍奮闘した。

それにしても決断の時期があまりにも遅すぎた。この時、GHQには急がねばならない事情が生じていたのである。何が起きるか分からなかった日本上陸と困難な占領実務を、火中の栗を拾うことを避けるかのようにアメリカだけに任せてきたイギリスやソ連が、その頃から占領政策に介入してきたからである。

連合国による極東委員会が発足することが決定し、二月二十六日以後はマッカーサーの占領施策が英国・ソ連・オーストラリアなどの国ぐにから拘束を受けることになるのだ。

対日戦争はアメリカだけで戦ったのに、この期に及んで極東委員会によって、ドイツや朝鮮のような分割占領を言い出されたり、天皇懲罰を主張されて、天皇の地位や身分をどうにかされたのでは、日本が騒動に陥らないとも限らない。そうなれば、治安維持のためにまたまた膨大な数の長期にわたるアメリカの派兵が必要になる。

そうした事態になることを防ぐために、極東委員会の誕生前にＧＨＱがやっておかねばならないことがある。つまり、日本人が自主的に民主制と天皇擁護と戦争放棄を選択したのだという既成事実を作って、極東委員会を出し抜かねばならなかったのだ。その日までの諸手続きから逆算すると、九日間しか残されていなかったのである。マッカーサーはこの手段を講じることによって、極東委員会を時間的には出し抜き、内容的には交換条件で折れさせたのである。

テレビ・ディレクター鈴木昭典氏は、五百旗頭真《いおきべまこと》教授（神戸大）の監修の下に元ＧＨＱの担当者たちへの長時間の取材をして、一九九三（平成五）年に「日本国憲法を生んだ密室の九日間」というテレビドキュメンタリー番組を作った。番組編集後の彼は、「あの時期に、日本人のすべての頭脳を結集したとしても、あれだけの憲法が生まれたとは到底思えない」と率直な感想を述べている（鈴木昭典『日本国憲法を生んだ密室の九日間』三四〇頁）。

それにしても、九日間で一国の憲法を起草するなどということはあまりにも無理無謀に思える。むべなるかな。じつはここに至るまでにアメリカは二年以上の前準備をしてきた。日米開戦後に、国務省（日本の外務省に相当）は日本の降伏を当然のことのように想定して戦後処理の計画を策定していたのである。かつて、第一次大戦後のドイツに対する過酷な処置が、その後のドイツのナチス化をもたらした。それと同じ轍《てつ》をふまないようにという配慮をしたのだった。

日本がどういう理由で軍国主義に走っていったかという分析を、憲法をはじめ軍事組織、教育制度、農地制度、財閥、宗教、思想など、ありとあらゆる面から調べてあり、終戦までには対日占領政策の大綱ができていた。

戦後に占領軍がやった全てのことは、予め国務省が政策として決定していたのであり、降伏勧告としてのポツダム宣言もその線で書かれた。

アメリカ大使として在日一〇年の経験がある国務次官ジョセフ・グルーは、かねてから、「日本人は未熟な子どものようなものだから、子どもとして扱わねばならない」ことを承知していたし、アメリカが原爆開発に成功したことを知っている数少ない政府高官の一人でもあった。ソ連軍が満州国境に向けて大量移動をしていることも知っていた。そして、「日本兵は最後の一兵、最後の一発まで狂信的に闘うが、天皇の命令がありさえすれば直ちに降伏する」ことを知っていた。

そのグルーらが作ったポツダム宣言文は、降伏するのは「国家や国民」ではなく「軍部」である（「ドイツが悪かったのではない。ナチスが悪かったのだ」と同じ論法）など、日本政府（旧知の鈴木貫太郎首相）が早く降伏すべく巧妙に降伏の口実を与えてあった（長尾龍一「グルーとポツダム宣言」『アメリカ知識人と極東』一三八～一六五頁、五百旗頭真『米国の日本占領政策』下一三一～二〇四頁）。

陸軍長官ヘンリー・スティムソンがグルーの提案に賛成したのは、硫黄島や沖縄でのようなアメリカ将兵の犠牲を防ぐことと、ソ連が参戦する前に終戦に持ち込みたかったのが主な動機ではあるが、かつてのワシントン軍縮会議における若槻礼次郎全権代表と、彼を派遣した浜口雄幸《おさち》首相、幣原《しではら》喜重郎外相らの国際主義者たちの道徳的勇気に深い感銘を受けていたからだという。

スティムソンはかねてから「高き者の責務《ノブレス・オブリージュ》」という貴族的徳目の信奉者だったから、若槻らが国内での世論の沸騰による身の危険をすら覚悟していたことに感銘を受けたのである。日本では途切れていた大正デモクラシーが、アメリカ知日派の日本認識をとおして戦後日本の再建策につながったことを五百旗頭教授は指摘している（五百旗頭・前掲書一七一頁）。

当然のことながら、マッカーサーによる日本占領と統治も大筋は国務省の方針に則って執行された。

マッカーサーが天皇と会見した時の天皇の真摯な態度に感銘を受けて天皇免責を決めたとか、ペニシリンの御礼にマッカーサーを訪れた幣原首相が非武装国家にすることを提案したなどの巷間の逸話は政治的配慮？による作り話なのである（詳しくは五百旗頭・前掲書）。

憲法についても、ケーディスらＧＨＱ民政局のスタッフは、国務省がたてた施策方針「日本の統治体制の改革」に則って草案を書けばよかった。この文書はスウィンク・ペーパーズ（国務・陸軍・海軍調整委員会文書 State-War-Navy Cordinating Commtittee 228）（ＳＷＮＣＣ２２８）とよばれ、戦後長い間その存在さえ秘匿されていたが一九七五（昭和五十）年に多数の関連文書と共に公開された。

各省からの数多くのレポートを整理したこの文書は知日派のヒュー・ボートン（Hugh Borton,1903-1995）によって纏められた。ボートンは敬虔なフレンド派クリスチャン夫妻の第二子で、小学校から大学までの全教育課程をフレンド派の学校で修めた。フレンド派は別名クエーカー教ともいう。ボートンはクエーカー教徒にふさわしく非差別平等主義、平和主義、国際同朋主義の精神を体得した。

註　終戦直後に来日して皇太子＝現上皇に帝王学を授けたエリザベス・ヴァイニング夫人は敬虔なクエーカー教徒である。

一九一八（大正七）年、彼はフレンド派の国際活動の一環として、東京・三田の普連土女《フレンド》学校に赴任した。ここでの任期三年の間に、彼はフレンド派の集会を通して、新渡戸稲造、高木八尺、前田多聞、前田陽一、柿崎正治ら錚々《そうそう》たる日本人と知り合った。彼らはそれぞれの分野における指導的人物であるだけでなく、国際的視野をもった自由主義的知識人たちで、当時の田中義一内閣による中国への軍事進出に批判的だった。こうした事実を通してボートンは、その頃の狂信的な軍国日本は本来の日本の姿ではなく、明治以来五〇年足らずの内に近代国家としての政治体制・大正デモクラシーが機能していたことを理解した。

そのボートンは、思想的・学問的影響を受けたのは誰かという五百旗頭教授の問いに対して、「第一にクエーカー、第二にサンソム」と答えている（五百旗頭・前掲書上一〇〇頁）。

ボートンの師ジョージ・サンソム（Sir George Biley Sansom 1883-1965）は当時の英米における日本学の最高権威であった。彼は一九〇四（明治三十七）年から一九四一（昭和十六）年までの三七年間、東京で英国大使館員を務めた。ボートンはサンソムから日本の文化、歴史、法政などのあらゆることを吸収した。サンソムに導かれて日本文化への関心を高めたボートンは、法隆寺の百済観音像や雪舟の絵に感銘をおぼえた。華美を避け、洗練された簡潔さの中に美を見いだす日本文化を愛したのである。

サンソムはその後、コロンビア大学の日本学の教授となり、帰国したボートンはコロンビア大学で再びサンソムに学び、やがては同大学のスタッフとなってサンソムと同僚になった。

これらのことは五百旗頭真著『米国の日本占領政策』（一九八五年刊）に詳述されているが、さらに、この「サンソムと植原悦二郎との関係」を明らかにしたのが、本書の「はじめに」で紹介した原英成氏の『日本国憲法制定の系譜』（二〇〇四年刊）である。

サンソムは駐日英国大使館に滞在した三七年間、植原悦二郎と家族ぐるみの交際をして文楽や歌舞伎を一緒に鑑賞する仲だった（植原悦二郎『八十路の憶出』八五頁）そして、明治憲法の諸問題にサンソムの知識は、Political Development of japan の著者・植原悦二郎から学んだものだったのである（原英成・前掲書一六二頁）。

すると、**植原悦二郎→サンソム→ボートン→SWNCC228→GHQ民政部→日本国憲法**という系譜があることになる。つまり、日本国憲法の源流はなんと植原悦二郎の憲法学だった。

したがって、「日本国憲法はアメリカの押しつけだ」とか「自主憲法ではない」ということを理由にしての憲法改正論には正当性がない、と原秀成氏はいう（原秀成『思想の宝庫としての日本国憲法』）。

第二節　新憲法と植原の立場

戦後に制定された日本国憲法は、植原が一九一二（明治四十五）年以来主張してきた、国民主権、象徴天皇論をはじめとして男女平等、地方自治にいたるまでのことごとくを満たしている。さぞ、植原は戦後憲法の制定に積極的にコミットしているのではないかと思いきや、彼は終始完全に蚊帳の外におかれていた。

その頃にはすでに、植原がかつてはイギリス憲法に詳しい学者だったことを知っている者も少なくなっていたこともあろうが、ドイツ憲法学の国家主権論になじんだ周りの者たちからみれば、植原は「国民主権などというとんでもないこと」をいう存在だったのである。一九五八（昭和三十三）年に行われた憲法調査会における北昤吉《れいきち》（北一輝《いっき》の実弟）の証言は、新憲法制定当時に植原がどのような評価をされていたのか、周りが植原にどういう処遇をしていたかを如実に物語っている。

憲法案が初めて出たときに、貴族院と衆議院の有志が五六人集まって絶えず相談した。その時に植原さんにも来てもらいました。ところが、植原さんは、明治憲法でさえも主権は国民にあるんだ、という説であったから、これはどうもわれわれとは違うから、どうも具合が悪い。……その次からは呼ばなんだ（笑声）（憲法調査会第九回総会議事録　昭和三十三年二月五日）。

GHQによる草案が日本政府に渡された時、日本側は大きな衝撃を受けた。日本側で作った草案は、明治憲法を根幹とし、「天皇制の枠組みの中に民主化を導入する」ものであったが、GHQ草案は、「民主制の枠組みの中に天皇を位置づける」ものだったからである。これは、大陸法系の日本側と、英米法系のGHQという二つの法文化の衝突である（田中英夫「憲法制定をめぐる二つの法文化の衝突」坂本義和／R・E・ウォード編『日本占領の研究』）。

かつて、英国法の立場から国民主権、象徴天皇論を唱えた植原としては、何ら自分の立場を放棄したり変更することなく賛同できるはずである。しかし、彼はこの草案に強く反対した。反対しただけでなく、国務大臣の地位にありながら、国会での法案審議にコミットすることさえ拒否したのである。彼は、前節に述べたような今までの経過を何も知らされぬままに、閣議の場でいきなりこの草案を示されて言った。

この憲法草案に私は相当の異議がある。……このままには私はこれを認めることはできない。もし、国会で質問を受けるとすれば、私はこれに良心的に答える確信がない。国会に提出する前に改正したい。……閣議に於いて私がそう述べたら、斉藤隆夫君も同意見だった。その他にもまだ改正を要することがあると斎藤隆夫君が付け加えて述べられた。すると、国務大臣であられた幣原前首相は、「植原君や斎藤君のようなことを絶対に言ってはならない。これは全部このまま是認して議会に提出し、議会を通過せしめねばならない」と言うて、斎藤君や僕の主張を頭から徹底的に否定してかかったので、「それならば、国会で質問があった場合に誰がお答えになりますか」と、私が幣原国務大臣に問うたならば、「それは金森（徳次郎）君を特別任命で国務大臣にし、憲法の問題は、金森君いってに答弁してもらって、議会を通過せしめればよいじゃないか」と述べられた。そこで私は「私にせよ、斎藤君にせよ両院に於いてどんな質問があっても答弁しないでよろしいということならば、このまま閣議に於いて承認することに異存はありません」と言うて、その憲法草案は閣議で決定し、議会で成立することになった。……両院の議決を経、内閣の閣員として私どもが署名をして、陛下の御裁可を得て発布されたのが今の日本国の憲法である（『八十路の憶出』二六〇〜二六一頁）。

斎藤隆夫は、戦時中に有名な粛軍演説をやった硬骨の代議士である。「粛軍」演説と呼ばれているので、斎藤がいかにも反戦思想家、反軍思想家であったかのように思われているが、彼は言うべきことを言っただけの「正論家」である、と草柳大蔵は述べている（草柳大蔵『斎藤隆夫かく戦えり』一〇頁）。

斎藤は当時の軍部に対して、五・一五事件、二・二六事件における軍規律の弛緩、戦略的リアリズムを欠いた日中戦争の泥沼化現象を批判したのである（『斎藤隆夫政治論集』）。

斎藤は早稲田大学・エール大学卒業の本格的な知識人であり、彼の演説は理路整然としている。それにもかかわらず、彼は、軍に煽動された議員たち大多数の賛成をもって除名された。反対者は七名だけであった。斎藤と同じ選挙区の政敵若宮貞夫は、「あなた一人を犠牲にはしない。私も同じ道を行く」といって議員を辞任しようとしたが、地元但馬の選挙民たちは、地元の代議士が誰もいなくなってしまうからといって思いとどまらせた（草柳　前掲書一九一頁）。

この時の植原は、一〇〇名をこえる棄権者の一人ではあるが、植原は、自伝に斎藤の粛軍演説については何もふれていない。斎藤が敵対する民政党の代議士だったからというだけの理由では説明できぬ不自然さを感じざるをえない。民政党の浜田国松の腹切り問答についてでは書いていている。

新憲法草案の主権在民、象徴天皇、男女平等、その他大部分の規定は、植原がかつて主張していたことであるから、他の議員たちとは違って何ら疑問ではなく、歓迎すべきものであった。ただし、植原は次の諸点については異議を挟んだ。

①国家として軍備を持たないことには反対である。自衛や国連参加もできないではないか。
②議員の三分の二の賛成がなければ憲法改正ができないという規定は、実質的に改正を禁止しているものであり、新たな「不磨の大典」となる。改正できなければ勝手な解釈改憲や無視にも繋がる。
③地方自治の規定はよいが、財源保証をしてないので、実質的に地方自治ができない。
④参議院議員の選出方法が衆議院と同じでは、二院制の意味がない。

植原が指摘したこれらの諸点は、今日に至ってその問題がクローズアップされている。植原の卓見だったというべきであろう。その意味では、植原の提言がもっと検討されてよかった。この草案は、大原則に則っていれば、幣原が言ったように、一言一句といえども修正することができないというものではなかったはずである。現に、九条への有名な芦田修正の追加（九条一項）、それに伴う閣僚文官制の追加規定（六六条一項）、GHQ草案の一院制から日本側の主張の二院制への修正などが行われ、衆議院で四か条が追加され、一か条が削除されたという事実がある。幣原、吉田、棚橋らが、植原、斎藤の関わりを避けていたとしか思えない。

①の自衛権の問題については、これだけをとりあげると、植原がいかにも保守反動的な思想の持ち主だったかのように受け取れるが、当時はむしろ普通の意見であった。例えば、共産党の野坂参三議員でさえも、「やはり自衛権はあるのではないか」と衆議院で質問している。阿部能成も貴族院本会議で、「これは全く捨て身の態度であって、身を捨てて浮かぶ瀬もあれという異常な決心である」と演説した。やはり貴族院議員で後の東大総長南原繁は、次のような質問をしている。

「遺憾ながら人類種族が絶えない限り戦争があるというのは歴史の現実であります。従って、私どもはこの歴史の現実を直視して、少なくとも国家として自衛権とそれに必要な最小限度の兵備を考えるということは、これは当然のことでございます。」「国際連合の憲章では斯かる意味の国家の自衛権ということは承認されて居ると存じます。なお又、国際連合に於きまする兵力の組織は、各加盟国がそれぞれ之を供出するという義務を帯びて居るのであります。茲《ここ》に御尋ね致したいのは、将来日本が此の国際連合に加入を許された場合に、果たして斯かる権利と義務をも放棄されるという御意思であるのか。斯くの如く致しましては、日本は永久に唯他国の好意と信義に委ねて生き延びむとするところの東洋的な諦め、諦念主義に陥る危険はないのか。寧ろ進んで人類の自由と正義を擁護するが為に、互いに血と汗の犠牲を払うことに依って相共に携えて世界恒久平和を確立するという積極的理想は却って其の意義を失われるのではないかということを憂ふるのであります。」「もしそれならば既に国家としての自由と独立を自ら放棄したるものと選ぶところはないのであります。」（貴族院議事録。五百旗頭真・北岡伸編『開戦と終戦―太平洋戦争の国際関係』一七五頁より重引）

植原が九条の規定に反対するのも、これとまったく同じ理由である。南原や阿部や野坂は、後に強硬な再軍備反対論者に変節したが、植原はそのままだったというにすぎない。

幣原には、前節で説明したように、この草案をどうしても早急に通過させねばならない事情があった。植原が、阿部や南原たちの質問に対して、「まことにそのとおりであります」などと答弁しようものなら議事は混乱し停滞する。植原ならやりかねない。

金森徳次郎は、根気よく我慢しながら答弁し、時には、「水は流れるのでありますが、川は流れないのであります」とか、「硬い歯は折れますが、柔らかい舌は折れません」などと、巧みに質問者を煙に巻きながら議会を通過させた。答弁回数は数千回に及び、一回の解答時間の長いものは一時間一〇分にも達した。

この国会開催中に、議場で一首の狂歌が回覧された。

「かにかくに善くたたかえり、金森のかの憲法（剣法）は何流ぞ」

返歌「金森は二刀流なり、国体を変えておきながら変わらぬと言う」

これを知った金森がやり返した。「名人の剣、二刀の如く見え」


幣原喜重郎は、植原たち閣僚に対して、先述のような当時の日本に対する国際的な懲罰意向、極東委員会の動向、それに対するGHQの意向、国務省とマッカーサーの確執などについて、何も説明していない。だから彼は、後年になっても、九条の規定は、幣原が自己保身のためにマッカーサーに取り入って作った規定だとまで言っている（植原『八十路の憶出』二六二頁）。

しかしながら、マッカーサーは、米本国や世界に向けてこの規定をことさらに喧伝し、また、極東委員会との取引材料にしたという事実がある。幣原の方から感涙と共に戦争放棄を申し出たという、あのできすぎた話は、朝鮮戦争勃発後に退役したマッカーサーの米国議会での演説であることなどを勘案すれば、「朝鮮戦争勃発まではマッカーサーの業績、それ以後は幣原の仕業」ということにしたというのが実相であろう（註 前掲C・ケーディスの回想記を参照 前掲書三二一頁）。

この時の事情を、当時の官房長官だった楢橋渡は、ホイットニーとケーディスがGHQの憲法草案を彼に渡してこう言ったと書いている。

実はマッカーサー司令部のキャッチした情報によれば、極東委員会では、ソ連を中心として日本国憲法草案を作り、二週間後に至上命令としてマッカーサーに押しつけてくる。それによれば天皇制は廃止され、レパブリカン（共和制）の憲法を押しつけてくる。万一この事態に追い込まれれば、今日のマッカーサー司令部の日本現状分析からして、日本国民は国体の破壊だといって、大多数の者が反抗し内乱を誘発することは火を見るよりも明らかである。

そうすれば、マッカーサーの占領政策は失敗だとして、ソ連は北海道を占領し、九州は中国、フィリピンに占領され、日本は南北朝鮮の如く、東西ドイツの如く二つの世界に分割されて再び独立国家として立つことはできない。だから、君（楢橋）の政治力で極東委員会の命令が出る前に、ごく秘密に三週間以内に日本の草案を出して国際的謀略を破砕したい。

そのポイントは、憲法第一条で天皇神権論を覆した点を活用し、共和主義案に肩すかしを食わせる。それには君が言ったように、天皇は空に輝く太陽で、民族の象徴、主権は在民、で戦うことができる。第九条で軍国日本に対する不安を一掃して、連合国を安心させる。この一点で日本を分割せんとする極東委員会の謀略を叩きのめすのである（楢橋渡『激流に棹さして—わが告白—』、再掲 松本清張『史観宰相論』二五二頁）。

すなわち、「象徴天皇制」と「戦争放棄」は明白なワンセットだったのである。その後、米ソが冷戦状態に入り、極東委員会への遠慮が不要になった。しかも、中国は共産国になり、朝鮮戦争が始まると、アメリカにとっては、日本に「戦争放棄」させたことが失政だったことになった。マッカーサーは、それを幣原のせいにして責任回避をしたのであろう。

植原の幣原批判はこれに見事に乗っていることになる。つまり、植原は国務大臣だったにもかかわらず、その当時の政府の動きについて何も知らされていなかったのである。憲法制定をめぐる、政府とGHQとのやりとりは、「机がふるえるくらい激しい」ものであり、「しまいには殴り合いくらいやり合わないともかぎらない」状況であった。通訳でさえ「ひそかに涙を流した」（竹前栄治・岡部史信『憲法制定史』二〇八〜二一一頁）。

政府側は、GHQ案の原文 sovereignty of people will（国民の意思に基づく主権）を、故意に従来の国家主権と紛らわしい「国民の至高なる総意」と書き換えて議会に提出していたような状態である。極東委員会が「日本の新憲法に対する基本原則」で、「主権が国民にあることを認めるべきある」と発表しており、これが明文化されないかぎり極東委員会が承認するはずもないというのにである。怒ったケーディスに厳しく咎められて、やっと前文と一条に国民主権を明文化した。

日本の学者たちがこんな程度のものだったから、かねてから国民主権論を唱えていた植原は、日本側からは「とんでもないことを言う」民主主義者だし、GHQ側からみれば、天皇擁護を強調し軍備の必要を唱える「度し難い守旧派」であった。彼は、双方から「蚊帳の外」に置かれ、その間の事情を何も知らされなかった。起草にも審議にも関与させられなかったうえに、国会での沈黙を強いられた。

植原が終戦直後の一九四五（昭和二十）年十二月に発行した『新生日本と民主主義』は、当時の国際情勢やGHQの意向を何も知らぬままに、何ら顧慮することもなく書いていたことが明らかである。その後の一九四六年九月に『現行憲法と改正憲法』を発行し、新旧憲法を比較して、具体的に長短を説明している。

植原は、こと憲法に関する限り、明治時代から他とは違う自分の見識に自負心を持っていた。彼の気持ちを代弁すれば、彼が一九一二（明治四十五）年以来主張し続けてきた憲法解釈と運用をしてさえいれば、日本の政治が軍に乗っ取られることなく、したがって、日中日米戦争に陥ることもなく、そして、このような外国製の憲法を押しつけられることもなかったはずだ。美濃部や吉野の責任は大きい。植原は、憲法冒頭の大臣署名を、おそらく切歯扼腕の想いでやったことであろう。

戦後の憲法はアメリカから押しつけられたものだから承服できない、という人たちは制定当時から存在した。美濃部達吉や松本烝治は、その典型的な人物である。松本は辞任し、美濃部は生きたまま「歴史上の人物」と化して間もなく他界した。清水澄《とおる》という憲法学者は、「大日本帝国憲法」に殉じて自殺した。

戦争放棄が押しつけだとはいうが、日本人がいま享受している主権在民も、社会福祉制度も、男女平等も、人権保障のための新しい警察制度や刑事裁判手続きも、農地改革も、地方自治も、ことごとくアメリカの押しつけである。鈴木昭典が喝破したように、これだけのことは当時の日本人すべての頭脳を結集してもできなかったであろう。

にもかかわらず、一〇年もしないうちに、早くも「おしつけ憲法」を改正すべきだという人びとが現れた。植原は、こうした人たちに有利な証言をすべく、憲法調査会の席で参考人陳述をさせられたことがある。憲法は自主憲法でなければならないが、日本国憲法を自主憲法と思うか、という委員の質問に対して、彼は次のように、呼んだ側が却って不利になる陳述を平然とやったのである。

「どうも自主であるとか、自主でないとかいうようなことは、非常に微妙な見解になると思いますね。経過を言うならばGHQの方で作ったり、いろいろしたけれども、それをこっちでのみ込んで自分のものにしたらば、それは自分のものだと言っていいじゃないか。それを、向こうからつくってよこしたもんだから、どこまでも自分のものでないということは見解の相違でしょうね。こっちで引き受けて自分のものにしたら自主だ。明治憲法だってご承知のとおりプロシャの憲法の焼き直しだといえば焼き直しだけれども、それものんでしまったら帝国の尊い憲法になった」。

「この憲法は、まあ、与えられたといえば与えられたという言葉の使いようになるけれども、しかし、事実は、日本の国民が支持しておりますところの内閣の採用になり、しかもこれを国民の選挙によって成りたっておりました議会で、三分の二以上を以て決定をしたものであってみればですな、その経路は如何であれ、決定したものはやはり日本の憲法として受け入れるべきではないかという感じがするのであります」。

「私は一言申し上げたいのでありますが、ややもするとこの憲法は、アメリカから与えられた憲法だから、根こそぎこれを改正しなければならないというような意見がないでもないと思います。……全面的に改正しようなどということは、容易にできることではありません。もしこの憲法においてどうしても改正しなければならない点があるならば、その点をしぼり上げて、そうして、それを検討して、それが絶対に必要であるということが分かった場合に、国民にこれを徹底せしめて、衆参両院の三分の二以上を取って改正するよりほかに道はない……。

皆様方ご記憶でありましょう。吉田内閣の当時は、一年か二年間、この憲法は文化憲法だ、平和憲法だ、世界無比な憲法だ、こういう憲法を日本でつくったことは世界に誇るべきことだというて、全国民に対して遊説し、勧誘し、これを説いたこともあることをお忘れになっては困ると思います。

今、数年をたって、この憲法は全面的にアメリカから与えられたものだから、改正しなければならないというような立場はですな、一切の経緯を見て、私には納得できないことであります。こういうように私は考えておりますので、私の所見を率直に露骨に申し上げて、ご参考に供した次第であります」（拍手）（『憲法調査会第九回総会議事録』昭和三十三年二月五日）。

植原悦二郎八十歳のときの陳述である。自分自身が第九条改正論者であり、しかも、質問者が彼からどのような答えを引き出そうとしているかは充分に承知している。それにもかかわらず、わざと質問者の期待に背く陳述をし、しかも、逆に苦言を呈しているのである。終戦直後の苦衷の選択を何も知らないで、受け売りの「おしつけ憲法」論議を振りかざす戦後派の若輩議員に対する、植原流の「露骨」で意地悪な「膺懲《ようちょう》」というものであろうが、もともと、植原には、政治的判断をすべき局面にあってもそれをせず、法的論理的な判断だけで押し通そうとする頑固なところがあった。植原を陳述席に立たせた質問者は、果たして「ご参考」にしたか、頑固な彼を恨んだか……。

コラム①

明治大学の植原・笹川事件

もうだいぶ昔の大正九年のこと。明治大学の学生が同盟休校をする大騒動があった。ことなかれ主義の学長に対する抗議と退陣要求である。学科長を務めていた、当時の人気文士・笹川臨風先生。そんなことは何も知らずに、学長の呼び出しに応えて学長室に行ったら、解雇を言い渡されてしまった。「この前、講堂が焼けたときに寄付したから感謝状でも貰えるのかと思ってでかけたのに」とは、江戸文芸に長じた笹川臨川の皮肉。

この時いっしょに解雇を言い渡されたのが、人気絶頂の教授だった植原悦二郎である。二人は学生の同盟休校を扇動したという濡れ衣を着せられたのだ。

植原は、「何も知らずに学校へ出てきて初めて知ったような次第で、何だか雲をつかむような話である。理由も何も心に思いあたることはない出来事で、考えも何もない」と取材記者に語った。植原は自伝に書いている。「私と笹川臨川との二人に学校を辞めてもらいたいという学長からの話であった。私は衆議院議員だったし、笹川臨風君は有名な文士であった。私にせよ笹川君にせよ、学校に拠らなければ衣食のできない柄でなく早速承知しましたといって学校を退くことになった。これが学生の間に伝わると大騒動となって駿河台の明大の屋台を揺るがすような騒擾をかもした」。

学生大会で、植原の復職と、私学に対する文部省の不当圧力排除、学の権威の尊重と独立の保証の要求を決議し、文部次官と三度に亘る交渉をかさねた。

学長が頼りにした警察は、学生との交渉の結果、「大学は一自治国に等しい。むやみに干渉すべきではない」といい、「学生としての正々堂々たる運動は黙過する」ことにした。

後に復職を許された笹川臨風先生。「自分だけの復職は男としてできぬ」との名せりふを発して復職要請を一蹴した。

このあたり、学生といい、警察といい、教師といい、みな近ごろとは違う気骨があったものだと思わせられるが、新聞社にも気骨があった。「問題の裏」と題する記事で次のように真相を暴露している。

「植原氏は教授仲間に敵が多い。憲法講座の松本重敏教授と社会学講座の藤森達三教授等はその対手で、植原氏は憲法講座も社会学講座も担当し、学生は植原氏のものを歓迎して、松本・藤森両教授のものは聴講しない。
しかも、藤森教授は国勢院総裁で政友会に勢力ある小川平吉氏の推薦教授である。植原氏と小川氏は共に信州地方を選挙区とする政敵であり、植原氏の危険思想を貴族院の問題とした江木千之氏への橋渡しは、松本教授であったといふ。ここに政友会の領袖なる中橋文相の顔ものぞく……。

「植原先生は政治家にならなくて、憲法学者として終始した方がよかった」とは、松岡定一氏（元三郷村長）の言であるが、植原の強力な支援者で、彼をよく知る者の正鵠《せいこく》を得た評言というべきであろう。次回からその理由（植原の憲法学）を紹介したい。

（『市民タイムス』平成20年12月23日掲載）

第二章　犬養毅と植原悦二郎

第一節　五・一五事件と植原悦二郎

一九三二（昭和七）年五月十五日、首相官邸に踏み込んだ海軍の青年将校たちと犬養毅首相が向き合った。犬養毅が「話せば分かる」と言ったにもかかわらず、青年将校は冷酷にも「問答無用」といってピストルを発射した……。犬養毅が「問答無用」のテロリズムによって殺害されたことによって、戦前の政党政治はその命運が尽きた。犬養毅は「憲政の神様」といわれた。あの有名な五・一五事件について、私たちは中学校でも高等学校でもそう教わった。ところで、事件発生後まっ先に官邸にかけつけて必要な処置をしたのは、長野県三郷村出身の政治家植原悦二郎である。彼は犬養毅に最も信頼されていた政治家であった。事件の当時は衆議院副議長の役職にあった。彼は事件の様子を次のように書いている。

夕方五時頃あわただしく官邸の表玄関に自動車を乗りつけた海軍中尉三上卓等五名は、直ちに屋内に闖入、忽ち犬養首相を発見し、……犬養は泰然自若《たいぜんじじやく》としてこれを制し、「話せば分るじゃろう」と言いながら三上等を誘って玄関先の居室に移った。この時既に裏門から闖入した山岸海軍中尉等四名も表の組と合し、テーブルの前に端座した小柄な犬養と向かい合っていた。犬養はこの間、三、四回程、「そんなに乱暴しなくとも、よく話せば分る」と繰返し、一同を見廻しながら、「靴ぐらい脱いだらどうじゃ」と言って説いた。

三上中尉は、「我々が何の為に来たか分るだろう。何か言うことがあれば言え」と言ったので、犬養は何か言い出そうとして身体を前に乗出した。その時、山岸中尉が「問答無用、撃て」と鋭く叫び、同時に黒岩・三上の拳銃が首相の頭部に向かって発射された……。

（植原悦二郎『日本民権発達史』第弐巻 四〇八頁）

有名な「問答無用」という言葉は、犬養に対してではなく、裏口から踏み込んだ山岸中尉が三上中尉に向かって叫んだ指図だったのである。松本清張の『昭和史発掘』では軍事裁判の公判記録をもとにこの場面を詳細に再現しているが、ほぼ同様な様子が描かれている（松本清張『昭和史発掘4』文春文庫 二四九〜二五〇頁）。なお、一緒に官邸を襲った陸軍の士官候補生八木春雄によれば、犬養と問答をはじめてしまった三上に対して、山岸が慌てて「問答は要らん。撃て撃て」（「問答なんかしてないで早く撃て」という意味）と催促した言葉が、「問答無用」と言ったことにされてしまった。その方が、将校の冷酷さを思わせる効果があるからだという（五味幸男『五・一五事件の謎』九八頁 鳥影社）。

植原悦二郎は続けてその後の状況を次のように書いている。

著者（植原）は、……官邸から犬養首相が狙撃されたとの報告に接して愕然として其真偽を疑うた。……私は即刻自動車を命じて官邸へ飛び帰った。私が着いた時には首相は撃たれたまま、まだつっ伏していたので、私は守衛と共に首相を抱き起こして奥の寝所に連れ行きそこに寝かして直様《すぐさま》、青山博士（東大医学部教授）に電話して急を告げ往診を願うた。私と守衛とが首相を抱き起こした時、首相は蒼白な顔で私を見上げ何か物言いたげであったが、すでに何も言えなかった……（植原・前掲書四〇八～四〇九頁）。

第二節　五・一五事件の謎

それにつけても五・一五事件は謎の多い不可解な事件である。犬養は「話せば分かる」と言って何を話すつもりだったのか。闖入した将校たちが持っていた官邸内の間取り図は誰から手に入れたのか。なぜ海軍将校だけで、陸軍は将校が参加しなかったのか。そもそも犬養毅をなぜ殺さねばならなかったのか。

これらの謎を解く鍵は書記官長森恪《つとむ》の不可解な挙動にある。現場にいた植原は森の不可解な挙動について次のように詳しく記録している。

総理狙撃事件について、私がどうしても腑に落ちなかったことは、内閣書記官長森恪の挙動である。森はほとんど四、五分おきに私を電話口に呼び出し総理の様態を尋ねた。私はなぜそう頻々《ひんぴん》と総理の病状を尋ねるのか、異様にさえ感じたほどであった。しかるに森は一度も総理の病床を見舞ったことはなかった。書記官長は総理大臣の女房役である。いかなる場合も総理の側近にいなければならない。しかるに森は総理の狙撃されたことを承知しつつその病床を見舞いもせず、何度も私を電話口に呼び出し、首相の様態を聞くのみであった。私がその生命が多分絶望だろうと言っても、なお馳せ参じて首相を見舞うことはしなかった。書記官長の部屋と官邸の総理の居間とは廊下づたいに通ずるところであったにもかかわらず、森は最後まで総理の病室を見舞ったことはなかった。当時においても、私はこの森の行動についてはどう考えても理解できなかったのである。これは私にとって今なお不可解なこととして残っている（『八十路の憶出』一一八頁）。

右の記録は、植原が八十歳を過ぎてからの自伝（昭和三十八年発行）に書いたものであるが、『日本民権発達史』にもこのことを書いている（『日本民権発達史』第弐巻 昭和三十四年 四〇九頁）。

ことは、森が内乱罪ないしその予備陰謀幇助罪《ほうじょ》のいずれかに相当することをやっているか否か、という重大な問題だから、さすがの植原も立場を考えてか、慎重に「不可解」という言葉で婉曲に表現してはいるものの、彼が言いたいことは明らかである。「森はこの事件の謀略にかかわっていた。反乱者と通じていた」ということなのである。狙撃されて口はきけなくとも犬養の意識はあったから、下手に馳せ参じて犬養に指でもさされようものなら森は窮地に陥る。犬養が何も語らぬまま死んでくれなければ困る……。狙撃されて流血している犬養を植原が駆けつけるまで放置しておいたうえに、廊下づたいにすぐ行ける距離なのに顔を出さずに四、五分おきに電話で様態を確かめていたのはそのせいであると考えればつじつまが合う。外部の誰かと連絡をとっていたのかもしれない。

植原がこのことを書いた六年後の一九六六（昭和四）年に公開された『木戸幸一日記』には、内閣書記官長森恪が邪心をもって大川周明その他の国家主義者や軍高官の間で暗躍した詳細な記録があり、森が「不可解な挙動」をとったことの意味が明白である。松本清張の『昭和史発掘４』三〇五頁〜三〇七頁には木戸日記の関係部分が列記掲載されている。同書にはさらに次のような記録もある。

犬養がよく行っていた料亭「松本亭」の女将《おかみ》松本フミの話がある。

「わたしは犬養先生をこのような姿にした責任は書記官長の森恪さんにあると、かねてから思っておりました。げんに警備で内閣の実情秘密を次々暴露していると、旧知の方々から聞かされたからです。その夜官邸でお通夜が行われましたが、かねてからのうっぷんがとうとう爆発してしまいました。荒木大臣や森恪さんに向かって、『首相をこのような姿にしたのは誰なのです。この仇討ちはわたしがきっとする』と絶叫したのです」

（雑誌『人物往来』昭和四十一年二月号、松本清張『昭和史発掘4』三〇四頁）

その時は犬養びいきの女将の通夜の席での感情的とも受けとられたであろう絶叫だったが、後日になって順次に明らかになった資料にてらしてみれば、見事に的を得ていたことになる。

なお、犯人たちが普通には入手困難な官邸内の間取り図をもっていたこと、犯人たちは犬養が確実に在宅していることを承知していたことなどは、森が大川周明を介して犯人たちに知らせたのだといわれている。森は通夜の席で、犬養の女婿・芳沢謙吉外務大臣に「総理が間違っているよ」といって周りを驚かせた（猪木正道『軍国日本の興亡』二〇一頁）。

そもそも、すでに政界を引退していた犬養を首相に引っ張り出したのは他ならぬ森恪である。政友会の派閥争いで総裁人事が暗礁に乗り上げたので、森は当座のつなぎに犬養を利用することを企んだのだった。

しかも、森は急進派の荒木中将しか陸軍大臣にできないように画策し、犬養の穏健な対中国政策がとれないように図った。つまり、犬養内閣は成立する時からすでに森と結託した軍の支配下にあったわけで、政党政治の命脈は、犬養が倒れた五・一五の時にではなく、それ以前の首相になった時点ですでに尽きていたということになる（坂野潤治『日本政治史』一八一～一八二頁　酒井哲哉『大正デモクラシー体制の崩壊―内政と外交』一九頁）。

このようにして、前内閣による財政破綻の修復というリスクの多い仕事を犬養毅と高橋是清にやらせた上に、選挙では、両者の人気を利用して政友会は空前の得票数を得た。やらせるだけのことはやらせた。これ以上は犬養は不要である。対中国穏健政策をとろうとする犬養はもはや邪魔ですらある……。

それにしても、森は、一方では陸軍側の国家主義者・北一輝と謀って犬養内閣を成立させ、もう一方ではその北一輝と反目している国家主義者・大川周明と謀って海軍青年将校に犬養を襲わせるなど、きわめて悪質な謀略家だった。五・一五事件の時に、陸軍の青年将校たちは北一輝や西田税《みつぎ》の自重論に従って、海軍側の協力要請には応じなかった。陸軍はクーデターによってではなく、謀略的手段によって平沼騏一郎《きいちろう》、荒木貞夫中将らに政権を取らせようと図っていたからである。

森は犬養の死後、軍の推す国家主義者・平沼騏一郎の擁立めざして暗躍したがこれは失敗した。

犬養亡き後の政友会は、軍と結託して政権を維持しようという魂胆であったが、政界人たちはこうした政治的紛争や謀略の果てに、やがて政党政治を軍部に蹂躙《じゅうりん》されるという墓穴を掘ったのである。

犬養毅は、こうした政治的謀略に翻弄されたうえに非業の最期をとげた。「話せば分かる」その話とは、政治政策の問題ではなく、当時噂されていた犬養の汚職問題についてであるという。これが事実とすれば被告の有利に働くはずなのに、その後の法廷では何の取りざたもされていないということは、事実無根の噂にすぎなかったのであろう。ならば、誰がそういう情報操作をしたのか?……。

犬養に止めの一発を撃った被告・三上は、軍事裁判の法廷で犬養のことを「じつに立派な態度を目撃し哀惜の念を禁じ得ない」と述べ、西川被告は、「腐敗堕落した政党の総裁として犬養を狙撃しただけで、個人としても政治家としても尊敬に値する人物であると思っている」と陳述している。

検事は、「被告たちが主張する農村経済の破綻、政党政治の混迷、財閥の堕落等々の国内事情について、一部は認めるが他の大部分については被告らの認識不足である。しかも、立憲政治下の社会では合法的手段以外には許せない」と論告をした。今からみればごく当たり前の論告内容であるが、右翼からは血も涙もない論告だと非難された。世論は被告たちに同情的で助命嘆願書が殺到した。

まるで被告たちは愛国の志士で、虐殺された犬養の方が悪人であるかのような世論が支配し、被害者犬養の家族の方が白眼視されたと孫の犬養道子は語っている。判決は論告より後退して被告らの動機に同情したものだった。このことは軍部急進派の独善に油をそそぎ、二・二六事件などへの道を開けた。京都大学教授、防衛大学校校長を歴任した政治学者・猪木正道は、「今日冷静な頭で考えれば、一九三二年の日本人はすでに発狂していた」と言っている（猪木正道『軍国日本の興亡』二〇二頁）。

植原悦二郎は、これらの経過をどう見ていたのであろうか。彼の出身地三郷村の神谷博（後の三郷村村長）は次のように書いている。

昭和七年七月、偶々《たまたま》私は所用のため上京した。東京はお盆であった。「神谷君、今日は木堂先生（犬養の雅号）の新盆霊前に額づきたい。君も一緒にどうか」と私を促して下さった。本来ならば遠慮すべきであったけれども、折角一緒にと言って下さったのに甘えてお供をしたのであった。途中で先生は供物などを用意されて、犬養邸を訪れ未亡人である奥様に、「此の君は僕の同志で、木堂先生を慕い続けてきた信州の学校の先生である」と紹介して下さった。そして霊前に私を従えて進んで焼香し私も続いてこれにならって後ろに退いた。

然し先生は合掌したまま仲々霊前より去らない。五、六分間ハンカチを取り出す他に微動だにせず、沈黙が続いた。先生は泣いているのであった。香煙縷々寂然たる裡に端座された先生の姿は今でも私の眼底にある（神谷博「初出陣のころ」『植原悦二郎と日本国憲法』三三六頁）。

ワシントン大学時代の植原悦二郎

霊前での五、六分間、植原は何を想ったであろうか。若い日に家出をして単身で渡米し、アメリカやイギリスでの苦学も何ら苦労と思わず、帰国してからは誰に何はばかることもなく直言してきた剛直な植原の涙が、単に犬養の死を悼むという感情だけのものだけではないことは察しがつく。日本が狂信者たちの専横に支配されはじめた時代の政界で、想像を絶する陰謀詐術に直面し、それからの植原は、誰をも頼みとせず、媚びも売らず、徒党も組まず、文字どおりの孤軍奮闘を始めるのである。

コラム②

植原悦二郎の直言癖

むかし、五来欣造《ごらいきんぞう》という変わりものの学者がいた。帰宅の道すがら物事を考え続けていて自分の家が分からなくなってしまった。目の前の店で聞いた。「ちょっとおたずねしますが五来先生のお宅はどこでしょうか?」「まあ先生ご冗談を……。先生のお宅はお隣ですよ」。

野球、投手、捕手、一塁~本塁などは彼の造語とのことだがそれは一高の学生時代のことだから、この時の考え事はもっと難しい内容だったのだろう。

法学、西洋哲学、東洋哲学、その他について造詣の深い学者で、ライプニッツや儒教に関する国際レベルの論文を著している。

また、有名な神学者・植村正久から学んだ敬虔なクリスチャンでもあった(彫刻家・荻原碌山は五来欣造を深く尊敬し、在仏中にソルボンヌ大学在籍中の五来から多くを学んでいる)。

その五来欣造が、『東西両京の大学』という痛快な評論を新聞に連載した（明治三十六年）。

新設の京都帝大をほめあげ、それと対比して東京帝大の教授たちを、例えば次のように酷評したのである。

憲法学教授の穂積八束は、車夫馬丁とは口をきかない。車夫が行き先を間違えたら手で合図してわざわざ自宅に帰らせ、書生に行き先を言わせた。かように権威主義の権化なのである。

一方では、その穂積が伊藤博文に対しては、「……まず伊藤の面前三歩の処に歩を止め、うやうやしく一礼を施し、膝をもって歩むこと三歩、また一礼を施す。平生倨岸自尊《へいぜいごうがんじそん》をもって有名なる穂積八束がこの陋態《ろうたい》を演じつつあり。人間の膝行すでに奇なり。いわんや穂積八束の膝行においておや。……」

ところが、伊藤博文をこのように跪拝《きはい》する穂積を、伊藤の方は疎《うと》んじていた。政府の憲法解説書『憲法義解』の編集には関わらせていない。穂積の憲法学説（国体論・天皇主権説）は伊藤博文も学界も認めない「異端説」だったのである。

同僚による「穂積八束君帝国憲法の法理を誤る」という痛烈な批判もあったし、「老塞セル神官」の説だとまで言って愚弄した学者もいる。穂積は後輩の美濃部達吉との論争で完敗した。彼は学界で孤立した状態の心境を「今ハ孤城落日ノ歎アルナリ」と書き遺した。

穂積の引退後、弟子の上杉慎吉が宿敵・美濃部達吉との論争に挑んだ（明治四十五年）。周りは上杉の背後にいる山縣有朋を恐れて「君子」になった。「危うきに近寄らず」である。

積年の恨み重なる兄弟喧嘩に他家の非君子が口を挟んだ。家出したまま長年外国で勉強して帰朝したばかりの植原悦二郎である。外国流の直言が過ぎた。

「上杉・美濃部のどちらの論も間違っている」。これはいいとしても、「上杉の論は学者の論として論評する価値などない」とか、「伊藤博文より人格も見識もはるかに劣る山縣有朋」などと無遠慮に書きすぎた。

明治大学の植原排斥事件（コラム①）は、山縣閥による政治的報復だったのである。

（『市民タイムス』平成21年1月24日掲載）

第三章　植原悦二郎の生涯

第一節　家出と渡米

植原悦二郎は、長野県南安曇郡三郷村出身の政治家である。一八七七（明治十）年明盛村（現在の安曇野市三郷村明盛）中萱に生まれ、母親に大切に育てられた。たいへんに癇《かん》の虫の強い子で、まじない師にへその周りに墨を塗られたこともあるという。幼児期は内気なはにかみやで、小学校二年生になってからようやく登校できるようになったほどだったが、少年期には腕白小僧になり、相撲ごっこではいつも大関役だった。

五歳の時には百人一首のすべてを順序よくそらんじることができたほど物覚えがよかったが、字と絵が下手だったので、当時は一郡に一校しかなかった豊科の高等小学校での成績は一番ではなかったと自分で書いている（植原悦二郎『八十路の憶出』植原悦二郎回顧録刊行会四頁）。

生家は、まわりに壕をめぐらした大邸宅を構え庄屋も務めた家だったが、祖父が明治の始めに興した事業で失敗して資産を失っていたので、中学校（現在の高校）への進学はせず農事を手伝った。

しばらくは独学を続けていたが、向学の念やみがたく家出をした。一回目の家出の時は母親の嘆き悲しむ手紙を読んで帰郷したが、二年後、再び家出をし、諏訪の製糸会社や横浜税関に勤めながら独学をつづけた後、アメリカ航路の航海士をしていた叔父（彼も家出人だった）の手引きで、一八九九（明治三十二）年、シアトルに渡り、スクールボーイをやりながらハイスクールを卒業した（スクールボーイというのは、学校に通わせてもらえる住み込みの家事使用人のことで、穂高から渡米した荻原碌山や清沢洌もこれによって学業を修めている）。

第二節　ロンドン大学政治学博士

植原は、一九〇四（明治三十七）年にワシントン州立大学（ワシントン市ではなくシアトルに在る）に入学して政治学と哲学を学んだ。ワシントン大学で彼が師事したスミス教授は当時のアメリカにおける政治学者三指の一人である。植原はその師の下でアメリカン・デモクラシーの精神を体得した。また、彼は哲学も深く学んだ。彼が学んだ哲学は田中王堂なみのアメリカ・プラグマティズムである。

註　一九〇六年に穂高町から渡米してきた清沢洌が、同じワシントン大学の聴講生になったのは植原の感化ないしは勧めによるものであろう。植原は後に清沢夫妻の間をとりもって媒酌人をつとめてもいる。清沢はその妻と子ども、義母を関東大震災で喪った。その後の再婚相手にも日本女子大での植原夫人の教え子を紹介し媒酌人をつとめた。

一九〇七（明治四十）年にワシントン大学を卒業した植原は、イギリスに渡り、ロンドン大学の政治経済学大学院ロンドン・スクール（London school of Economics and Political Sience）で、政治学者ウォーラス教授（Graham Wallas）の指導を受けて博士号を取得した。ウォーラスは政治学史上の重要な人物で、彼の著作『政治における人間性』は、今も政治学を学ぶ者の必読書とされているほどの権威ある学者である（詳細は、佐々木毅編『現代政治学の名著』〈初版〉中公新書を参照）。

植原の博士論文『日本政治発展史』は、ウォーラスから高い評価を得てイギリスで出版されている。あの有名な哲学者B・ラッセルの論文『ドイツ社会民主党』が含まれているほどの権威ある論文シリーズのうちの一冊である。

植原が在籍していたロンドン大学スクール・オブ・エコノミクス・ポリティカルサイエンスは、通称L・S・Eと略記される小規模ながら権威ある大学で、当時も今も世界レベルの優秀な教授が多い。戦後も哲学のK・ポパー、経済学のF・A・ハイエク等々、ノーベル賞級の学者がいる。

こう書くと、いかにもあたりまえの簡単なことに思えるかもしれないが、夏目漱石の場合と比較してみれば、植原悦二郎のなみなみならぬスケールの大きさと才能を計り知ることができる。漱石は東京帝大の英文科を卒業した後、文部省派遣の海外留学生としてロンドン大学に留学した。けれども、深刻なアイデンティティー・クライシス（自己喪失）に陥って自信を失い、神経衰弱（現代的な言い方では心身症）になった。博士論文どころか、帰国後に書いた『文学論』でさえも無惨な失敗作だった。

こういう事情を、当時の日本人たちは知る由もなかっただろうから、植原が取得した政治学博士という称号も、何やら胡散臭く格の低いものであるかのような受けとられ方をされ、さぞ悔しい思いをしたことであろう。彼の国内での処女著作『立憲代議政体論』の著者名は、なんと、「ドクトル・オブ・ポリティカル・ソシアル・サイエンス　植原悦二郎」というものである。当時の日本では政治学博士という呼称はなく、政治学は法学部の研究分野だから、法学博士という名称でなければ権威のない胡散臭いものと受けとられたことであろう。学位の表記が著作ごとに違うのは、植原自身がどう表記したものか困惑していたことを思わせる。

当時の学界は東京帝国大学を軸とする官立大学出身者のみが権威ある学者とされ、しかも、彼らの政治学や法律学はドイツ一辺倒で、イギリスのことは視野になかったから、国内で植原の真価を評価できた者はごく少数であった。

第三節　啓蒙・評論活動

一九一〇（明治四十三）年暮に帰国した植原は、翌年には『通俗立憲代議政体論』という一般読者向けの書物を発刊して、イギリスの立憲政治体制について紹介し、また、インテリ向きには大正リベラリズムを先導した雑誌『東洋時報』に、当時とすればかなり先鋭的な憲法論を発表した。

東京帝大の憲法学教授、美濃部達吉と上杉慎吉の学説上の争いは、後年になって天皇機関説事件として大きな政治問題になったが、植原は早くも一九一二（大正元）年の時点で、両者の論争は主権と統治権を混同している議論であって、そもそも両者の学説はその基盤が間違っており、無駄な議論であると指摘している（植原悦二郎「憲法上の謬想―上杉・美濃部・市村博士の論争批評」『東洋時論』三巻八号　大正元年八月号）。なお、この時の植原の肩書きは、雑誌社によるものか植原自身によるものか定かではないが、「ドクトル・オブ・サイエンス」（科学博士?）となっている。美濃部、上杉らはこれだけでも鼻であしらう気持ちだったものと考えられる。当時の日本では耳慣れなかったかもしれぬが、「ロンドン大学政治学博士・植原悦二郎」と正称を使うべきであった。

これらの論説によって、植原の学識を高く評価した東京弁護士会会長・鵜澤聡明は、自分が理事をしていた明治大学の教授として迎え入れると共に、鵜澤が主筆を務める雑誌『国家及国家学』へ毎号のように彼の論説を掲載した。

例えば、元老伊藤博文亡き後の政治と軍事の実権を一手に掌握し、権勢をほしいままにしていた山県有朋に対して、「人物人格、学識、識見、政治思想のいずれの面でも、伊藤公にはるかに及ばぬ山県公が伊藤公よりはるかに権勢をふるい、法をないがしろにしている。伊藤公は憲政の健全な発達を願っていたし、山県公のような陋劣な陰謀奸策を用いはしなかった。後日の歴史家は山県公のことを真に我が皇室、国家、国民に対して忠実真良なる為政者であったとはいわないだろう」と遠慮会釈なく批判している（『国家及国家学』大正三年三月号）。

憲法学者・上杉慎吉に対しては、「上杉博士は我が国憲法学のオーソリティーときいているが、博士の憲法論を読むほどに、博士は現代における立憲政治とは何を意味するか、また、立憲政治と専制政治の区別さえ理解して居らぬことがわかった。上杉博士の理論は学者の議論として批評する価値などない」と斬っている（『国家及国家学』大正五年四月号）。

まことに大胆にして歯切れのよい論調で、読者は痛快かもしれないが、批判された者は怒髪天を衝く思いがする。政界や学界の陰謀奸策家・山県有朋や上杉慎吉が何の対処もせぬはずもなく、やがて植原は明治大学の職を巧妙に奪われた。

今日の視点からみれば、ウォーラスの下で博士号を取得し、英国でその論文を発刊してもらえたほどの植原の見識が、日本の学問世界では何ら受け容れられず、また政界でも彼が異端視されたことは、植原個人にとってばかりでなく、日本社会のためにもまことに惜しい不幸なことであったというべきであろう。

植原を黙殺した日本の学界は、その後、自らが軍や右翼に圧殺されることになった。大正デモクラシーの崩壊に手を貸し、日本の軍国主義化に「貢献」したのは軍ばかりではない。日本の政界やマスコミはもちろんのこと、学界までもが加担したのである。

第四節　政界進出

国民党主・犬養毅はこれらの論説に接して、植原の学識・見識をかい、植原を無理にも政界入りさせようと根気よく口説きおとしにかかった。植原は学者として学問や評論で国民に貢献したいと願っていたから、政界に入ることを嫌がっていたが、度重なる犬養の懇請を断れなくなって一九一七（大正六）年の総選挙に立候補して衆議院議員となり、それ以後、戦中・戦後を含めて三四年一〇か月という長いあいだ在職した。

その後、犬養毅は私財をなげうってまでやってきた革新倶楽部（旧国民党）を維持できなくなり、第二次護憲運動の成功を潮時に、政界を退いて長野県諏訪郡富士見村に隠遁した。彼は引退する前に、政界に残る革新倶楽部に所属している議員たちの行く末を配慮して政友会に合同したので植原もそれに従った（一九二五〈大正十四〉年）。政友会は伊藤博文、西園寺公望、原敬の政党であり、大隈重信、板垣退助、犬養毅の国民党（革新倶楽部）とは合わない部分もあったから、この時、植原から離れた地元の支持者も多い。

北穂高村（現在の穂高町北穂高）出身の政治評論家・清沢洌は、犬養毅が政友会入りした際に、「どうして、多年のあいだ非難攻撃してきた政友会に入党せねばならぬといふ結論が生まれるか。朝起きて、自分の使はうとする歯楊子が、もう濡れてゐた時のやうな、ガッカリした感じをもった。私の胸は反感で一杯になった。……犬養を葬るの辞とする」と厳しい批判をしている（清沢洌『自由日本を漁る』三四九頁）。

隠遁していた犬養毅が首相に任命されたのは、政友会内部の派閥争いで誰を首班指名すべきか暗礁に乗り上げたので、争っている双方に関係のない犬養に一時しのぎに首相をやらせたままである。

前内閣の井上蔵相の緊縮財政による不景気を解決せねばならないという、火中の栗を犬養に拾わせたのだともいえる。

第五節　晩年の植原悦二郎

一九五七（昭和三十二）年、八十歳を過ぎた植原悦二郎は、松本外語学院の経営危機を救うべく懇願された。廃校の危機にあるという事情を聞いた植原は、ただ一言、「犠牲になる生徒が可哀想である」ともらし、救済に乗り出した。土地を銀行抵当から外したうえに、現在地の用地買収と校舎建築のための資金の全額を負担した。自ら理事長と校長を務め再建に尽力したが、文字どおり清廉高潔な政治家だった植原に、たいした資産があるはずもなく、同校の経営には苦労したという。現在の松本第一高校である。同年の総選挙に立候補したが、落選した。高齢だったことが落選理由ではあるが、学園のために選挙資金を使ってしまったことも原因の一つだといわれている。一九六〇（昭和三十五）年、高校認可申請のために、植原個人の所有だった学園の資産を外語学院という法人に寄付する必要が生じた。その契約書への捺印に際して、植原の表情には「さびしさが漂っていた」と当時の教頭だった赤羽竜作は書き残している（『外語学園二十周年沿革史』二三頁）。

一九六二（昭和三十七）年十一月、東京にて八十四歳の生涯を閉じた。青山斎場での自民党葬の後に郷里三郷村では村民葬を行った。

どの六法全書でも日本国憲法の冒頭に国務大臣植原悦二郎の署名を見ることができる。戦前戦中の彼の言行から推しはかれば、彼の望みどおりの憲法ができたと思われるのに、じつは彼はこの憲法には不満だった。けれども、占領下の政治の混乱を避けるためもあって、やむなく署名したのである。植原がその時にこだわった諸問題点は、後年になって問題化し今日まで続いている。草葉の陰の植原は、「だから、ボクはあの時に言ったのデス」とぶっきらぼうにつぶやいているかもしれない。

晩年の植原悦二郎

植原は学問界からは閉め出されて挫折し、政界では孤高の生涯を過ごすはめになった。植原の期待外れと切歯《せっし》扼腕《やくわん》、それに続く挫折感と孤独な絶望感はいかばかりだったことだろう。犬養亡き後の政界での植原の忍従とその蓄積の果ての爆発、それにしては早い割り切り方とあきらめ、植原のこうした言動は、日本の学者や政治家に対する深い不信と諦念の現れであり、韜晦《とうかい》であると解釈することができる。

コラム③

我憲政発達の九大障害

私たちは中学でも高校でも日中戦争や日米戦争の元凶は天皇の統帥権であると教わった。このことはいわば日本史の常識として語られている。司馬遼太郎も、統帥権は魔法の杖だったと述べている。

ところが、実際の歴史の経過をみると、統帥権を振りかざして暴走する軍を、政府が抑えることができなかったのは、「陸海軍大臣は現役の大将か中将でなければならない」という軍の手前勝手な規定（軍部大臣現役武官制＝憲法ではない）があったためである。政府が軍を抑えようとすれば、軍はすぐさま陸軍大臣や海軍大臣を引きあげてしまう。すると内閣はたちまち崩壊し、無政府状態になる。軍はこの規定によって政府を恫喝し、意のままに操ったのである。こういう事態が生じるであろうことをずっと前から予測して警告していたのが植原悦二郎である。彼は大正初期に発表した「我憲政発達の九大障害」という論説でこの問題を提起し、山懸有朋が明治二十年に作ったこの規定は重大な憲法違反であると指摘している。

これらの指摘をうけて、大正期の山本権兵衛内閣の時に現役軍人だけではなく退役軍人（予備役）でもよいことに改正された。だがそれを昭和十一年再び現役軍人のみに改悪したのが、近頃の映画「落日燃ゆ」の広田弘毅首相である。

植原が予言したとおりになった。広田内閣自体がこの規定によってつぶされその後は軍の意向どおりの人物が首相になった。日中戦争や日米戦争はこれらの首相のもとで始まった。


軍は統帥権の名のもとに、自分たちの政略や戦略があたかも天皇個人の意志であるかのような体裁を整えて戦争を進めたが、これはそれまでに元老たちがやってきた政治手法を真似たまでのことである。

明治政府の諸政策は、明治天皇個人が考えたのではない。元老たちが考えたことを、天皇の名のもとに遂行したのである。

元老たちのこういう政治手法について、植原悦二郎は明治末から大正初期の論文で厳しく批判している。憲法に何ら記載されてもいない元老会議や枢密院が、政府や議会をさしおいて政治の実権を握り、しかもそれを天皇の名のもとに流布して国民を欺き、天皇を汚すとは何事ぞ、というのである（皇室はイギリス王室のように非政治的な立場にしておいて国民から尊敬され慕われるべきであるというのが植原の考えである）。

植原は元老でも伊藤博文に対しては好感をもっていた。みずから政党を作るなど議会政治・政党政治の発展を願っていたからである。

植原が蛇蝎《だかつ》のごとく嫌悪していたのは山縣有朋である。「彼は終始一貫、常に民権発達伸張に反対してきた立憲政治の敵である。乃木将軍のような君愛国の武人ではない。詭計《きけい》、陰謀、奸策を弄《ろう》する武断政治家である……」。山縣系の者にとっては怒髪《どはつ》天を衝《つ》く罵詈《ばり》雑言《ぞうごん》である。謀殺されなくて幸いだった。

（『市民タイムス』平成21年4月27日掲載）

第四章　政治家としての植原悦二郎

第一節　猪突猛進

かつて、五期二〇年にわたって長野県知事を務めた西沢権一郎が、まだ東京高等蚕糸学校（現在の東京農工大学）の学生だった頃に植原悦二郎を評した論説がある。

……正義を主張する時の氏は、平生の牛歩主義とは、がらりと変わって駆け足主義になる。アメリカ在住時代、シアトル市における邦人の売春婦撲滅運動の知きは、正しくそれである。当時、氏は最も危険なる第一線の闘士だった。相手は名にしおう無頼漢である。

正義が勝つか、非道が勝つか、最後の決戦をしてみせると、大演説会を開いた。その晩である。氏が登壇して第一声を放った刹那、場内の電灯が一時にパッと消された。「それっ……」壮士はそれを合図に、演壇にかけ上がって、氏を包囲した……。

辛うじて危機を脱したが、……、その急進的な態度は獅子がたてがみを振って驀進する概がある。

数年前、明大の学生騒動に於いても、氏は笹川臨川氏と共に、学生側の味方をした。その主張が、あまりに明確だった為、学校当局は氏を中傷、ざんぼうして排撃せんとしたが、氏としては道理は道理として平然としていた。

久しからずして氏の正しい態度は、一般に認められたが、それと同時に、いさぎよく明大教授の職を辞した。そのため氏の人格は一層かがやかしいものになり、明大学生の間では非常な尊敬をもってむかえられた事実は世間の知るところである。

潔癖性の犬養木堂翁が、氏に打ち込んだのも、こうした処にあるのだろうと想像される。

（『雄弁』大正十五年七月号。再掲『植原悦二郎と日本国憲法』）三〇六頁）

このエピソードは植原の横溢する正義感や実行力を物語るものとして語られることが多いが、植原自身は八十歳過ぎてから次のように述懐している。

大学の学生時代に私が大失敗をしたことがあります。シアトルにも日本人の醜業婦（売春婦）がたくさんになり、下町の角を占めるような状態でありました。私ども学生からみればこれほど不愉快なことはなかったので、醜業婦攻撃をすればそれらの者はおのずから退治できると簡単に考えて、演説会を開いたのです。私どもは醜業婦の蔭に人があるなどとは知らないので、これは間違えば命にかかわることでした。

（『八十路の憶出』一一二頁）

植原の猪突猛進ぶりを訪仰とさせる事件である。そしてまた、この事件は、表面は剛直、そのじつはお人好しの植原がその後に示す「脇と詰めの甘さ」を早くも垣間見せている。彼は、はじめから成算のないことに向かって、徒手空拳で猪突猛進する気性を終生改めることはなかった。それは彼の大きな美点ではあるが、理念よりも陰謀奸策が支配する日本の政界では、たやすく陥れられ不遇の道程を歩まされることにもつながった。

第二節　政友会におけるジレンマ

植原がイギリスから日本へ帰った一九一〇（明治四十三）年から大正期の日本は、「大正デモクラシー」の時代であった。イギリスアメリカ的な民主主義思想を身につけた植原にとっては、格好の活躍舞台であったといえよう。政界に出るまでは言論によって、政界に出てからは犬養毅の国民党（後に革新倶楽部と改称）議員として活躍の舞台があった。

しかしながら、犬養が保守的で親軍的な政友会と手を結んだこと、その犬養が党にすら裏切られて五・一五事件で暗殺された頃から、政界における植原悦二郎の立場は微妙なものとなってくる。

犬養との師弟関係で自動的に入ることになってしまった政友会のありようは、植原がこれまで主張してきたこととは正反対の方向のものだったからである。

初の政党内閣首相として人気の高かった原敬のあと、政友会を引き継いだ高橋是清は、経済学者ケインズの理論発表より前に、ケインズ的な経済政策を実行していたほどの優れた政治家で、人徳もあったが、それ故にまた集金能力には欠け、党を統率するには力が足りなかった。そこで政友会は田中義一を迎え入れた。一九一八（大正七）年のシベリヤ出兵時の陸軍大臣だった田中義一は、あろうことか、莫大な軍の機密費を持参金にして政友会に入り、首相になったと当時からいわれ、告訴されたが、捜査中の検事が怪死している（松本清張『昭和史発掘1』）。田中内閣は軍と結んで、侵略的な対中国強硬政策をとった。歴史学者坂野潤治は次のような事実を紹介している。


政友会田中義一内閣の内務大臣鈴木喜三郎は次のような声明を発表している。

「政友会は創立以来皇室中心主義を奉体し、産業立国の外、積極政策を採っているのに比し、民政党は其政綱において『議会中心主義を徹底せしめんことを要望す』と高唱して居るが、之は極めて穏健ならざる思想であり、神聖なる我帝国憲法の大精神を蹂躙するものと云わねばならぬ。我帝国の政は一に天皇陛下が総攬《そうらん》あらせられ、即ち皇室中心の政治であるは炳乎《へいこ》として瞭である。議会中心主義などといふ思想は民主主義の潮流に棹さした英米流のものであって我国体とは相容れない」

政友会は民政党を批判しただけでなく、政党政治の基露である議院内閣制すらも批判するにいたったのである。民本主義者吉野作造は田中義一内閣時代に、「私は永く政友会に天下を取らしておくには堪えぬ。政友会は昔もさうであったが、今度は更に一層甚しく、政権維持拡張の為には何物も顧みぬという在来の特色を発揮して居る」と批判している。

（坂野潤治『日本政治史』一五八頁）

中国大陸における日本陸軍の暴走を止められぬ田中義一は、天皇の不信をかい「顔を見たくもない」とまで言われて総辞職をした。辞職三か月後の失意の中で田中は死去した。自殺との説もある。

その後、政友会は、民政党浜口内閣を失脚させようと企んで、海軍とともに統帥権干犯を主張したり、本章冒頭で述べたように五・一五事件にかかわった。また、政権を取り戻したいという理由だけで滝川事件や天皇機関説事件の口火を切り、政党政治や議会政治の命脈を絶つという墓穴を掘った。

犬養亡き後のこのようなジレンマにもかかわらず、植原が政友会から脱退することができなかったのは、選出母胎である選挙区の事情によるものではないかと考えられる。

註、植原は、いちはやく国民党に見切りをつけて憲政会〈民政党〉に鞍替えした降旗元太郎〈後年の松本市長・国会議員降旗徳弥の父親〉の選挙地盤から、国民党候補者として立候補して当選した。その国民党〈革新倶楽部〉が、後年になって、植原の意思とは関係なく政友会と合同した。植原は、いわば招かれざる政友会員であったが、民政党に移る訳にもいかず、政友会に踏み止まって民政党候補者と票を分かち合う他はなかったのであろう。

第三節　孤立無援

このような政友会の中で植原が重用されるはずもなく、浮き上がって徐々に孤立させられていく。

植原の最初の災難は、パリ不戦条約の表記に関する舌禍事件である。世界四六か国が参加した不戦条約の条約文の一節に in name（国民の名において）とあるのを、枢密院の伊東巳代治が憲法一三条、天皇の大権違反であると主張した。こういう問題があっても条約を締結するのか否か、という外国人記者の質問に対して、植原が、文字に拘泥するよりも条約の精神をくみとって締結すべきである、と答えたことが大問題となった。伊東巳代治については、次のような批評がある。

伊東巳代治という人物は、伊藤博文、井上毅らと明治憲法起草に参与し、彼らの死後も長生きして、枢密顧問官の地位にあった。伊東は「憲法の番人」と自称して、……昭和に入って中国に対して穏和な政策をとる若槻内閣を口実を設けて潰し、対中武力対決策をとる田中義一内閣を成立させ、……国際協調政策の破壊に手を貸した。

憲法起草者の権威を笠にきて「大正デモクラシー」を葬るのに役買った人物である。

松本清張は、「巳代治は若いころ伊藤直系として西園寺公望と肩をならべていた。それが西園寺は二度も内閣を組織し、元老になったのに、彼はいつまでも隠居所の枢密院にいるのだから、彼がひがむのも無理からぬところもあった。かれは『憲法の番人』を自称して吉良上野介のように歴代首相を苛めて欝憤を晴らした。彼の性格が盆栽の幹のように曲がりくねってきたのも、不遇のためだったと思えば同情に値する」と言っているが、これでは盆栽に気の毒である。

（長尾龍一『憲法問題入門』一八五頁）

松本清張のいうとおりならば、伊東巳代治は自分の個人的な鬱憤晴らしによって国の方向を大きく誤らせたのであり、同情には及ばない。まさに、盆栽に気の毒である。いずれにせよ、植原はこのために田中義一内閣の外務参与官という地位を棒にふることになった。

その当時の外務大臣は田中首相が兼務したが、実質は外務政務次官森恪がすべて采配していた。

一章二節「五・一五五事件の謎」（四六頁）で説明したような、策士森恪が植原を救うはずもなかった。というよりも、森の外交手法にいちいち反対した植原は邪魔者として森に足元を掬われたのだといった方が当たっているだろう。

その後も、植原の猪突猛進は続いた。政府が非常時だ非常時だといって国民を煽っている時に、次のようなことを書いてもいる。

いったい我が国に於いて現在何が非常時であるか。……二年前には外に満州事変、国際連盟脱退問題があり、内に経済困難がある。すなわちこれが非常時であるといわれて居った。而して満州事変は既に一段落を告げ、国際連盟脱退問題は文平穏裡に解決された。然るにまだ非常時が解消せりとは言はれて居らぬ。

（『政友』四一四号 一九三五年一月 坂野潤治『日本政治史』一九四頁）

その後、植原は副議長という中途半端な役に棚上げされ、発言の機会を封じられてしまった。議会政治の生命を封じた天皇機関説事件や、国体明徴運動に際して彼が反対したという痕跡はない。他の事項については事細かく記載されている彼の自伝でも、このことに何ら言及していないのは、却って意識的な何かがあると考えるべきであろう。

第四節　国家総動員法

やがて、政治は軍部のなすがままに操られることになっていく。元老西園寺公望は軍部の専横を抑えようとして、公爵近衛文麿に政権を担当させることにしたが、定見のない「お殿様」近衛では却って軍部に操られる結果に陥った。近衛自身は善を志向したかもしれないが、結果は全て悪になった。

「近衛は大衆からあがめられ敬意を表されることを期待し、権力に対する野望を持っていたので、軍を抑えることができなかった」と植原は述べている（『八十路の憶出』一七六頁）。

第一次近衛内閣がつくった国家総動員法は、法学的にはあの悪評高い治安維持法よりも悪法である。植原はこの法案に強硬に反対した。

国家総動員法なるものは、国会の審議を経ないで、政府が社会の安寧秩序維持や、産業経済の統制につき、意のままにやろうとすればやり得る、一種の戦時法制であった。従って、これは憲法の精神を蹂躙《じゅうりん》し、議会政治を破滅に導くような法案であった。……（中略）……最初この法案が委員会に付託されたときは、四十五名の委員中、二十数名は反対の意見を表示していた。ゆえに私は委員会において、これを否決せしめようと思って努力した。（中略）私は最も強硬な反対論者の一員であった……（中略）……。もともと、国家総動員法なるものは、憲法や、議会政治の立場からいえば、弁解のできないものであったから、たくさんの質問に対し、近衛公は避けられるだけ避けていたが、それでも窮することもまれではなかった。たまたま、近衛公が病気で議会を欠席され、委員会もまた休会したが、一週間ほど経て、近衛公の秘書が私を訪れて、「先生、なお国家総動員法で、公爵をいじめられるのですか」と言われたので、私は「もう大勢はすでに決まった。この法案が提出されたときには、四十五名の委員のうち、二十数名が強い反対論者であった。しかるに、だんだん軟化されて、今では二十名足らずになったと思う。大勢はすでに決まった。これ以上いくら反対しても、結論は同じであるから、私はもうあきらめた。従って、近衛公にもう質問はしない」と秘書に伝えた。するとその翌々日ぐらいに公爵は、病気全快というので登院され、委員会にも出席されて、国家総動員法は多数によって衆議院を通過した。私はこれで議会政治は終わったように思った。五・一五事件における犬養木堂翁の死を追憶し、国家総動員法の通過をいまさらのように感じた（『八十路の憶出』一四八頁〜一四九頁）。

植原の無念、切歯扼腕《せっしやくわん》、痛恨の想いが伝わってくる文章である。ここにみられるのは、独りで主張するだけで仲間を固めることもせず無防備で脇の甘い植原に対しての、近衛側の奸智に長けた切り崩しである。そして、泣き落とされて「あきらめた」と譲ってしまった植原の人の好さ、別の言い方をすれば詰めの甘さである。相手は、植原のこの泣きどころを充分に承知のうえで懐柔しにかかってきている。孤高で剛直だが、引き際がよいと言われた植原の本質は、このような人の好さ、脇の甘さと諦めの早さのことだともいえる。

第五節　東条批判と翼賛選挙落選

植原は東条政権下の翼賛選挙で落選のうきめにあうが、それは、彼が翼賛選挙直前の予算委員会で、東条首相に次のような厳しい批判をしたからである。

「およそ国が他国に対して、みずから進んで、ほこを交えんとする場合には、勝利をおさめ得られるものとの確信を持ってかからねばならない。

今や、日本は英米に向かって戦いを挑んでいる。東条首相は、これらの国に対して、はたして必勝を期し得ると確信されているのか。日本はすでに四年間、支那と事を構えている。わが国家の総力の大半は、すでに消耗した。国民は塗炭の苦しみにあえいでいる。しかも、蒋介石は遠く難を避け、難攻不落の重慶において蟠踞《ばんきょ》している。現在、わが陸海軍は、これさえも攻略し得ざる実情である。しかるに、政府は英米を同時に敵として、これを打倒し得るという確信を持っているのか。英米の国家総力は、わが国のそれに比較して、少なくとも数倍、十数倍以上を算せられている。しかも、これらの国は、いわば現在無傷である。

加うるに、これらの両国は、わが国土からすこぶる遠距離に存在している。わが陸軍がいかに勇敢で強力であっても、サンフランシスコより米大陸を横断し、首府ワシントンを攻略することは不可能と思われる。また、わが海軍がいかに優秀で大胆であっても、テームズ河を遡行し、ロンドン市を襲撃し得るとは考えられない。

敵国を屈服せしめるには、その首都を侵し、城下の盟をなさしめなければならぬ。私は、英米を相手とし、わが国がこれを期待することは痴人の夢に等しいものと思う。これは決してできることではない。

それだからといって、政府はいま始めた戦争を直ちに止めることはでき得ることではなかろう。それゆえに、英米とのこの戦争は、戦場においてことを決せんとするばかりでなく、戦争と外交の二本立ての策を用い、しかも、主として外交によってすみやかに、この太平洋戦争の終局を告げしめるべきだと私は考える。東条首相は、はたしてかく考えられて、すべてのことを、進められる意思ありや否や」。

私のこの言葉が終わるや、鈴木企画院総裁は、俄然激しく立ち上がり、私の質問は、はなはだもって不都合千万なもので、あえて答弁を要せざるのみならず、よろしく質問者は、全部それを取り消すべきであると、威丈高に述べた。私はこれに対し、「私の質問は国家を思う一念、断じて取り消す必要なし」と答えた。そうして、いかなる軍の威圧にも屈せざる態度を示した。

かくて、予算委員会休憩後、外務省の情報局長が、わざわざ私を訪ね、取消を懇請されたが、私はこれに答えて、「私は憂国の至情、あえて首相に質問したものだ。決して、これをみずから取り消す意思はない」。それに対して情報局長は、「この記録が存在すれば、外交上いろいろ困ることがあるから」と言って、再三その取消しを、私に懇請された。

そこで私は、「いかなることがあっても、私は発言を取り消さない。しかし、政府が速記課に命じて、これを取り消さしめたならば、私はそれに対してまで、抗議する意思はない」と申した。その結果、私のこの質問は、予算委員会の記録から削除され消滅した。

今考えて、この記録があったら、歴史的にすこぶる興味深いものであろうと思う。これが抹殺されたのは、実にかえすがえすも残念であった（『八十路の憶出』二〇八頁〜二一〇九頁）。

この後に行われた一九四一（昭和七）年四月の翼賛選挙では、東条の意を受けた県知事によって執拗な妨害にあった。当時の県知事は内務省直轄の指定人事だったから、植原を当選させたのでは自分の立場すら危うくなる。公然と選挙妨害が行われたのである。植原の受難について、伊部政隆は次のように書いている。


手足となって奔走する者が誰もいない。植原に味方する者は国賊扱いを受けるのだから恐れをなしてよりつかぬのである。植原候補の股肱《ここう》とみられていた松岡定一・神谷博諸氏ですらその筋（警察のこと）の邪魔が入って顔を出せない。……（中略）……。

私の住居の出入り口には三方に不断に三人の私服（刑事）が張り込んで監視を怠らないし、選挙事務所にはひっきりなしに私服（刑事）がつめかけて密談など思いもよらない。植原候補の定宿になっている浅間の西石川付近は更にひどい厳戒ぶりで、菊の湯その他の一階窓から来訪者の写真まで撮るという気ちがいじみたことをしていた。選挙用の印刷物を作ろうにも印刷屋がよりつかぬ。

さすがにひどすぎる弾圧に義憤を覚えたとみえて、特高のある刑事二人はこっそり私に耳打ちして、「明日、君は検挙されることになっているから逃げてはどうか。一時姿をくらましたほうが賢明だろう」と忠告してくれた。徹頭徹尾でっちあげた事件で処断することもできないだろうから、逃げるのはやめた。筆者も投票の済んだ日に引っ張られた（検挙された）。……（中略）……。

大町での演説会では、植原候補が壇上に立ってまさに第一声を放たんとする刹那、臨監席から「弁士注意」ときた。何も口を聞かぬ先からの注意であるから、憤然いろをなした候補は、その警官を叱咤するや、問髪を入れず、「弁士中止」である。聴衆はいきり立って収拾のつかぬ仕儀と相成ってしまった。……（中略）……。

こんな状況で全く選挙運動にならぬ。我々は相談の末、植原候補に対して「先生、論鋒を少し加減して、軍部批判は止めて下さい。そうでないと遺憾ながら我々はこの選挙運動から手を引くしかありません」と切言したのに対し、植原氏は平然として、「君達が手を引くならそれも止むをえない。私は軍部を膺懲《ようちょう》することが国を救う唯一の道だと固く信じてやっているのであって、この信念を枉げることは絶対できない。私はたとえ殺されても所信に邁進するあるのみだ」と決然と言ってのけた。私達は老国士不退転の決意に深く打たれるものがあり、この上はいかなる迫害圧迫がふり注ごうとも兎に角全力を尽くして国民の審判を待とうという気になった。

ドウリットルの帝都空襲は（アメリカ空軍の重爆撃機による初めての東京空襲のこと。真珠湾攻撃から半年も経ない、昭和十七年四月のことだったから、国民に与えた衝撃は極めて大きかった）、この選挙のさ中に行われたのであるが、この時、植原氏が悲痛極まりなき相貌で壇上から叫んだ言葉が、今でも私の耳底に残る。

「この悲しむべき事実は夙《つと》に私の予想していた所であり、やがて近く日本の辿るべき運命を示唆するに充分な事実である。私はこの選挙に敗れるであろう。然し私があらゆる迫害をおしのけて叫びつづけることに、やがて　諸君が成る程と肯かれる日がやってくるに違いない。そして三年か五年かの後には私は再び諸君と相まみえて国事を談ぜねばならぬ機会が必ずやってくるでろう」。

かくて不敗の植原に初の黒星がついた。今にして考えると栄光燦たる黒星であったともいえよう（伊部正隆「翼賛選挙の裏街道」『信濃往来』昭和二十七年七月号、再掲『植原悦二郎と日本国憲法』）。

第六節　終戦工作

今日と違い、戦前戦中の新聞は戦争を抑止するのではなく、軍と国民を鼓舞し煽動していた。まだ日米戦争に入る前の日中戦争の時代に、朝日新聞は「父よあなたは強かった」という戦意高揚歌を作ったが、その歌詞に「泥水すすり、草を噛み」という一節がある。皇軍（荒木大将は何にでもやたらに皇の字を付けたから、日本は皇国、陸軍は皇軍になってしまった……。）の戦域はあまりにも広かった。武器弾薬はもとより食料の補給すら思うに任せない。将兵たちは現地で略奪して恨みをかうか、現地にない場合は文字どおり泥水をすすり草を噛んでいたのである。

戦争末期には制海権も考えずに戦線を拡大したから、輸送船がほとんど沈められる。海没した陸軍兵士は二〇万人以上にのぼり、前線の将兵のためのわずかばかりの食料もほとんど海に沈んだ。太平洋戦争二三〇万人の日本兵死者のうちの約一四〇万人以上が、戦闘によってではなく餓死したという情けない戦争だったのである（藤原彰『飢死した英霊たち』青木書店）。大岡昇平の小説『野火』は、食料がつきて餓死者が続出し、人肉食いまでした戦場の悲惨な状況を詳しく書いたものであることを知る人も今では少なくなった。

一九四三（昭和十八）年十月の神宮球場の学徒出陣式で「海ゆかば」を歌っている記録フィルムをみると、悲壮な集団自殺への儀式としか見えない。その頃から、近代戦に必要な科学的合理的な戦略判断は消え失せて、説明し難い美学、陶酔によって戦争を貫徹しようという雰囲気が満ちていき、やがて、戦術戦闘の域を超えた、絶望的な死の美学というべき玉砕や特攻隊にまで突き進んでいった。声高に一億玉砕が叫ばれていたのである。

清沢洌の『暗黒日記』には、このような時に自由主義者たちが終戦工作をした様子が記録されているが、そこに植原の名がいくつも見られる。

〔昭和十九年一月三日〕午前は植原悦二郎氏（山王ホテル相談役）の家に敬意を表しに赴く。宇垣に望みを託したが中野自殺に関し風評が立ったから彼の首相説は見込みが絶えたという。

〔八月十二日〕鳩山は好感が持てる。……この人の舞台が来るであろう。右翼に対し「戦争は勝てるとは思わん」と平気で言っているらしい。……彼には兎に角、良心的な人々――例えば芦田、植原その他――がついている。

〔昭和二十年三月六日〕昨夜、植原悦二郎氏が話したいとのことで、正午、山王ホテルで会見す。同氏の話によれば、同氏は戦争終了について重臣方面に話をしている。若槻とも逢い、岡田啓介とも会談。幣原とも逢ったが、幣原は対外的なことばかり考えていて、すなわち飽くまで抵抗すべしとのみ考えていて、内政的なことを考えていないから僕に機会があったら話してくれというのである。岡田も小磯が駄目であることを知り、これを何とかせねばならぬと言っている。……植原氏は無条件降伏それ自身恐ろしくないではないか。その上で当方から条件を出すこともできるのだといっていた。植原氏は矢張り愛国者である。

この時の植原は翼賛選挙で落選しており、議席がなかったにもかかわらず、吉田茂とはかり、東条内閣の退陣と鈴木貫太郎の次期首班指名を期待して具体的な行動をしている。

吉田茂と相合う機会を得て、東条内閣打倒の一点については全く意気投合した。そして後継者について各方面にわたって共に研究した。あるとき彼の平河町の邸宅を訪れ、秘かに会談しているとき、彼はくすぐったそうな面持で、そこの階下を指さし、「いるんだよ、この下に」と、暗に憲兵が潜伏していることを耳打ちしたこともあった。（中略）

すでに西園寺公この世を去り、公を通じて事をはかることは不可能であった。吉田をはじめとして同憂の士と懇談を重ねた末、戦争を終結に持ち込む大役をになう適任者は、鈴木貫太郎をおいてないという意見に一致した。（中略）

当時、麹町平河町の吉田邸に、ときどき集まった顔ぶれは、植田俊吉、岩淵辰雄、古垣鉄郎等の諸氏であった。これらが同時に集まることは、なるべく避けるようにした。（中略）近衛は軍部にそそのかされて支那事変を起こした張本人であるが、今は東条の無茶なやり方に憤慨し反感をもっている。この際、近衛公を引っ張り出し、新政党の旗振りをしてもらえば、鈴木内閣支持にとって、これにまさる策なしということであった。そして、此の際、私が近衛公引き出しの役目を勤めることになったのである。

昭和の始め頃、近衛公が貴族院の副議長をやられたころ、私は衆議院の副議長であった。近衛公とはその頃から近親な交渉をもっていた。しかるに、近衛公が総理になられて、盧溝橋事件の中心人物となってから、私の近衛公に対する態度は一変した。さらに公が軍部のさしがねで、国家総動員法を議会に提出するや、私は公に対して非常な悪感情さえ抱くようになった。

しかるに今や事態は急迫している。（中略）いつまでも支那事変の一点にこだわるべきではないと考え、私は意を決して萩外荘に近衛公を訪れた。（中略）

私はぶっきらぼうと思われるほど率直に、公に対してご無沙汰を謝した後、大胆率直に私の所見を開陳した。

「きょう私がお訪ねした理由は、率直に申し上げるならば、あなたは軍人に使われて、支那事変を起こされた。その結果招来したのは、国力の消耗であり、多くの人命を泥沼に放り込んだことであった。しかも、今もっていささかも反省の色なき軍人は、いわばすてばち気分で、日米戦争に突入し、今日の悲境を招いている。日米戦争の前途をどうお考えになっていられるか知らぬが、私の見るところをもってすれば、遠からず惨敗のほかないと思われる。こんなことにいつまでもかかわって、最後まで引きずられるようなことがあれば、日本国家は滅びる以外にはない。あなたは最後にこんな事態に陥れまいとして、日米の国交調整に心胆を砕かれたことは、私はよく承知しているつもりだ。しかし、日米戦争は誰が何と抗弁しようとも、支那事変の延長であり、支那事変は、あなたの手で引き起こしたものである。あなたはその罪滅ぼしのつもりで、この際ここに断然奮起すべきであると思う」。

と前置きして、吉田氏はじめわれわれ同士の計画のあらましを一応説明した。すなわち、「重臣を動かして、すみやかに東条を倒す。その後継には鈴木貫太郎を以てこれに当たらしめる。そして鈴木内閣を強力に支持するために、新政党を作り議会政治の復活を期する。議会政治復活のための新政党組織の中心は、公以外に適任者がいない。嘗て公が片棒をかついで、でっち上げた翼賛会を、公自身がこれをつぶし、今度こそは、本当の筋金の通った政党を作り、国民の支持を得てこの難局を打開する以外に道はない。（中略）国家のためにこの際決起されることは如何に困難であってもよもやいやとは申されまい」。「時きたるまでは、今日のこの会談は、絶対秘密に願いたいものであります」と言ってその会見を終わらせた（『八十路の憶出』二三二頁〜二三六頁）。

軍部にさんざん恫喝され翻弄され続けてきた近衛にしてみれば、この期に及んで政党と議会政治の復活によって戦争終結に持ち込もうという植原の話は、全く現実性のない夢想的な構想としか思えなかったことであろう。近衛は東条内閣崩壊後の次期首班指名をする重臣会議で鈴木の名を持ち出してはいない。平沼騏一郎の推薦した小磯国昭に決まってしまった。

小磯内閣は戦局の改善に何ら寄与することがなかったばかりか、この間に、サイパン、マリアナ、レイテそれぞれの島で悲惨な戦闘が展開され、特攻隊が組織され、東京大空襲があり、硫黄島玉砕、米軍が沖縄に上陸、と戦局はますます惨禍を極めた。

小磯内閣は短命に終わり、ようやく鈴木貫太郎の担ぎ出しに成功したが、期待された鈴木でさえも即座に終戦には持ち込めなかった。軍の発議でソ連に停戦の仲介を依頼しようとしたが、ソ連には無視された。世界情勢を何も知らなかったことを露呈している。

日本の対米開戦を、蒋介石は「日本は飲鴆《いんちん》の狂人になった」と評した（『蒋介石秘録』二二〇頁）。日本は渇きのあまり毒酒をあおって、一時的な興奮状態での成功をおさめているが、そのうちに毒がまわって自ら破滅するという予言をしたのである。事実そのとおりになった。

今日の冷静な頭で読めば、降伏勧告文ポツダム宣言は、当時のアメリカにしてみれば最大限の譲歩であることが分かるが、日本はまさに「飲鴆の狂人」で、正確に判読できなかった。ポツダム宣言は、あくまで日本の無条件降伏を唱えていたルーズベルトが急逝したのを転機に、知日派のグルー国務次官が強引に関与して作成したのである。

グルーはかねてから「日本は未熟な子どものようなものだから、子どもとして扱わねばならない」ことを承知していたし、アメリカが原爆開発に成功したことを知っている数少ない政府高官の一人でもあった。そして、ソ連軍が満州国境に向けて大量移動をしていることも知っていた。本土上陸をすることによるアメリカ兵の犠牲を避けるために、一日も早く戦争終結に持ち込む策を考えていたスチムソン陸軍長官と共に、グルーが作ったポツダム宣言は、降伏するのは、「国家や国民」ではなく「軍隊」であるなど、巧妙に日本側に降伏の口実を与えてあった（五百旗頭真『米国の日本占領政策』下一三一頁〜二〇四頁）。

しかし、鈴木首相は軍が暴発し統制不可能になることを防ぐために、ポツダム宣言を黙殺せざるを得なかった。この降伏勧告を黙殺したことは、ソ連の参戦と、アメリカによる広島・長崎への原爆投下の口実を与えた。鈴木貫太郎もそれだけの迂回をしてようやく降伏に持ち込めたのである。

しかも、それは合議によるものではなく、御前会議における天皇の聖断という、立憲君主制としては異常な方法であったし、狂信的な軍人たちによる絶望的な反乱や国内騒擾を防止するためには、陸軍大臣阿南惟幾が割腹自決していさめることが必要であった。終戦工作は、もはや政党や議会レベルで何とかなる問題なんぞではなかったのである。

植原のお人好しにも程があるというエピソードがある。吉田茂、植田俊吉、岩淵辰雄らは、近衛に、戦争終結に天皇の積極的な支持を請うための上奏をさせた。吉田邸に使用人として潜入していた憲兵隊のスパイがその文案を証拠写真に撮り、三名は投獄された。三人の入獄者の中で家系に恵まれている吉田は第一号の独房で差し入れ自由（吉田は内大臣牧野伸顕の女婿であり、牧野は明治の元勲大久保利通の次男である）、それより身分の低い植田は第二号独房、無位無官の岩淵は小さな雑居房に入れられた。

「吉田は食い物に贅沢な男である。獄舎に放り込まれて何より閉口しているのは食物だろうと考えた私は、吉田邸を訪れた。獄中から吉田がしきりに食べ物を注文してくるが、ただおろおろしているばかりであった」「その頃、パンや牛乳など尋常一様なことで入手できようはずはなかった。私は交詢社の台所へ駆け付けてパンを分けてもらい、熱海の私の家にカーネーションミルクが保存されているのを思い出して、わざわざ取り寄せて差し入れた」（『八十路の憶出』二四六頁）。戦後に発刊された吉田反戦グループに関する書物中に植原悦二郎の名はない（J・ダワー『吉田茂とその時代』二五六頁）。

第七節　孤高の在野精神

終戦後の占領下にある政治行政は、過去に手を汚していない自由主義的な政党人たちを必要とした。植原は吉田内閣の国務大臣、内務大臣を歴任した。

危険を冒して終戦工作を共にやった植原と吉田茂であったが、吉田は二次三次と内閣改造をする度に植原を遠ざけるようになった。そもそも、吉田は、鳩山一郎が総理になる直前にGHQからの職追放処分を受けたので、急遽登場した総理である。にもかかわらず、鳩山が追放解除された後も政権を譲ることをしなかった。

石橋湛山も、大正デモクラシー以来、戦時中も筋を枉げずに通した自由主義者であったにもかかわらず、鳩山と同様に公職追放に遭って、政治生活の大事な年齢期を無為に過ごすはめになった。三木武吉、犬養健、河野一郎、楢橋渡、保利茂等々、党人派の実力者はみな公職追放処分を受けた。首相だった吉田茂は、最高司令官マッカーサーと直接交渉できる立場だったはずだが、この時に何ら救いの手をさしのべていない。これで、吉田にとっては手強い政敵としての党人が誰もいなくなった。その後の吉田は、党人派の人物を避けて、側近を官僚出身者で固めたが、植原は彼らを「茶坊主ども」と罵倒している（『植原悦二郎と日本国憲法』二七二頁）。

石橋湛山の研究家・増田弘は、ＧＨＱによるこれらの政治家の追放については、明らかに吉田が巧妙に関与していることを指摘している（増田弘『政治家追放』一〇五頁～一〇六頁、一四一頁、一五八頁～一六〇頁）。

なお、占領下での憲法制定に際しての植原の考えと動きについては、第一章で詳述した。

選挙区に道路を造ったり橋を架けたりというような利益誘導、あるいは蓄財という点からすれば植原は有能な政治家ではなかった。そういうことはまるで眼中になかったし、国会議員がそれをやってはならないという信念を持っていた。イギリスでは国会議員が選挙区への利益誘導などはできないシステムになっているし、国民も国会議員にその類の卑近なことは期待しない。あたかもそれを倣ったかのように、植原に投票し続けた地元の熱心な支援者たちは次のように述べている。

昭和十二年七月であったと記憶する。先生が浅間温泉に滞在し病後の静養中であった…。談偶々《たまたま》日支事変の日本出兵の事に及んだとき、遣瀬《やるせ》なき感慨の面持で、「近衛（近衛首相）

は間違ったことをしている。実に困ったものだ」と言われると共にハラハラと落涙された。私も思わず顔を伏せたのであった（神谷博「初出陣のころ」『植原悦二郎と日本国憲法』三三六頁）。

政治生活三十年と云えば、多かれ少なかれ利権がどうの私腹がどうのと云われがちなのに、少なくとも彼に限っては絶対にそうした醜聞がない、噂すらない。意識して利権の外に超然として居るにしても偉いが、恐らくは生まれながらの清濁併せ呑めない程の清廉剛直だからに他ならない（藤沢藤雄『信濃往来』昭和二十七年一月号。再掲『植原悦二郎と日本国憲法』）。

政治家としての植原の評価は、政界やジャーナリズムの世界で、身近に接していた人たちによるものがいちばん的を得ているであろう。ソルボンヌ大学の大学院で学び、堪能なフランス語でGHQを煙に巻きながら、新憲法制定時の官房長官として辣腕をふるった楢橋渡による植原悦二郎評は、彼の長所も短所も含めてあますところなく伝えている。

私が植原悦二郎を好きなのは、彼が個性ある政治家だからである。この筋を通す男は一見頑固に見えて、筋が通ればサラリと妥協する淡白性を持っている。

民主主義の一番大事なことは「個」の自覚である。「個」の自覚は必然的に批判精神の確立となる。フランスの哲人デカルトは「われ思う故にわれ在り」と中世期の暗黒時代に「個」の自覚を叫び、人格尊厳の暁の鐘を鳴らした。この自覚による批判精神の確立は正しき世論の生まれる源である。かくてはじめて真の民主政治が出来るのである。もし自己の人格尊厳に自覚なく常に時の権力に阿諛迎合《あゆげいごう》すれば、その結果は独裁政治の胚胎ともなり、民主主義は影を没し、自由の世界は失われる。また、デマの横行する社会は批判精神なき無自覚の人間の集団であり、民主主義とはほど遠い世界である。植原悦二郎は批判精神にいち早く目ざめた政界人である。

彼は子分もなく信州人特有の激しい性格は一言居士の異名を頂戴している。ボス的意味の「大物」としては落第である。彼が一言居士として皮肉と毒舌を飛ばさず、茫洋たる一面をもっておれば今頃は一党の総裁くらいにはなれたかもしれぬ。だが、もって生まれた性格はいまさら修養によってなおるものでもなく、またなおす必要もあるまい。かえって彼の個性あるゆき方を政界に発揮し、戦後の群小政治家の小利巧さに一服の清涼剤を盛ることも無駄ではあるまい。

彼が初め政界に入った頃は洋行臭味があったが、長い風雪によって、いぶし銀のような底光りする政治家になった。バタ臭い面影は彼の愛用する蝶ネクタイにその名残りを止める程度になり今日ではすっかり老政客となった。

しかし、しょせん彼は日本政界ではボス的存在にはなれない男である。また、なろうともしない。考えてみれば、もし彼が第二の祖国英国に生まれていたら日本よりもっと政界に幅をきかしているかもしれない。彼が政界に容れられぬ大きな原因は筋を通し過ぎるからである。筋が通らぬことを否定し道理を立てる気風の国ならば彼も大きく支持されたかもしれぬが、逆に日本の政界では、筋の通らないことが平気でのさばる国だから煙たがられる。そこに日本の政治の混迷があり、またそこに人の世の難しさがあり、彼のもつ西欧的な波長が少し合わない点がある。

本来「出世」と「人間の価値」の判断は別物である。いかに出世しておっても軽蔑に値する人間もあれば、如何に不遇にあっても尊敬を払うべき人間もある。植原悦二郎は恵まれた政界人ではない。彼は自己の栄達のために権力と妥協はせぬ。時には一身の不幸をかえりみず敢然と闘う志士的風格を持っている。それが時には彼を逆境に陥れ出世を取り逃がす原因ともなる。しかし、そこに植原の値打ちがある。今や日本の政界に功利主義が横行し世渡り上手な人間が偉いと錯覚され、次第に国士的風格が失われている時、植原悦二郎の存在を再認識する必要がある（楢橋渡「権力と闘う志士的風格」『日本経済新聞』昭和三十三年三月十日。再掲『植原悦二郎と日本国憲法』）。

また、地元出身で読売新聞政治部記者だった金井広志は、長い間の植原との交わりを誇らしげに語った文章の中で、「植原の波乱にみちた生涯を一貫しているものは、卓越した孤高の在野精神である」と表現している（金井広志「独立孤高の自然児」『植原悦二郎と日本国憲法』）。この言葉は政治家としての植原悦二郎をよく言い当てているのではあろうが、居場所を間違えたばかりに、優れた学識を活かすことができなかった植原悦二郎の後半生の焦慮と無念、切歯扼腕、屈折と孤独の想いが覆い隠されてしまう表現でもある。

若い時に植原家の隣に住んでいた阿部真之助は毎日新聞の記者だったが、後年大成してNHK会長になった。天皇機関説事件に際して、自身への攻撃を恐れて沈黙していた言論人たちと違って、「政権に眼が眩んだ政党の自殺行為」であると鋭い批判をした硬骨の言論人である（本書一五二頁）。その阿部真之助が植原悦二郎に親しみと最大限の敬意をはらって次のように書いている。

私は長いこと、記者として数え切れない多くの政治家をみてきた。しかも年とともに政治家の品性が下落していくのを、悲しみながらながめてきた。植原さんのような高潔な政治家は種切れになるかと思うと、たまらなく淋しい気持ちになる（阿部真之助「植原さんと私」『八十路の憶出』序文）。

コラム④

二つの憲法観（顕教と密教）

乃木将軍は明治天皇が崩御した時に殉死した。妻が彼の死後に生きる途をも封じて自害させた。乃木は軍神として神格化され、自分と家族の生命を天皇に捧げる「乃木精神」は教科書に書かれ、唱歌に歌われ、軍隊教育や国民教育を支配した。

明治憲法第三条の「天皇ハ神聖ニシテ侵スヘカラス」という条文は「天皇＝神」という意味になってしまった。

植原悦二郎によれば、この条文は、「天皇＝神」などという意味ではない。英国王室は不偏不党の存在で政治には関与しない。日本の皇室もそれと同じように、不偏不党の存在として政治には関与しないことによってのみ、天皇は国民統合の象徴として権を保ち得るであろう。

植原が、このように天皇を国民統合の象徴であるという「象徴天皇論」を唱えたのは明治末であるが、大正期になるとこのことは知識人にとってあたり前の常識になった。

病弱の大正天皇には政治的カリスマ性がなかったから、別の者が天皇の権威を利用して執政していることは明白だったからである。

明治の藩閥政治家たちはこのことを巧妙にやってきたが、元老第二世代の桂太郎首相はこれを露骨にやりすぎた。政敵を抑えるために、自分の意のままの優詔を作らせ、それをあたかも天皇の自発的意志であるかのように偽ったのである。

これに反発して尾崎行雄・犬養毅らが、「閥族打破・憲政擁護」をスローガンとして倒閣運動を起こした（大正元年）。

全国各地で憲政擁護大会が開かれ、桂内閣に反対する暴動が相次いで桂内閣は総辞職した。旧憲法の下で、国民によって内閣が倒された唯一の例である。

この当時の植原はまだ政界入りする前で、英米留学から帰ったばかりの自由主義者、大正デモクラシーを先導する思想家として、大人気の論客だった。

美濃部達吉の天皇機関説は民主主義や自由主義の立役者のように思われている。しかし天皇を政治の道具として利用するという天皇機関説は、明治期の権力者たちが国民の分からぬところでやってきた政治手法なのである。いわば密教である。

これに対し、国家の決定を天皇による神格意志と信じて殉死した乃木将軍は、いわば顕教（天皇主権説）をひたすら信じた明治国家神学の聖者である。

桂太郎首相は、政治権力者たちが天皇主権説という顕教と天皇機関説という密教の使い分けをしてきた事実を、はからずも露呈したことになる。

昭和十年の天皇機関説事件は外見的には乃木大将的な顕教、つまり、「神格的な聖者による政治支配」の復権運動といえなくもないが、その後の日本の歴史を顧みれば、そういう装いのもとで、桂的人物たちが国を破局に陥れていったのである。

かような事実を考え併せてみると、明治末から大正期に憲法学や政治学が真に分かっていたのは、植原悦二郎だけだったのではないかとさえ思えてくる。

（『市民タイムス』平成21年3月28日掲載）

第五章　植原悦二郎の政治学・憲法論

第一節　『通俗立憲代議政体論』

明治四十五年に発刊された植原悦二郎の『通俗立憲代議政体論』（博文館）は、大日本帝国憲法（以下明治憲法と略記）をイギリス・モデルで解釈したものである。ドイツ法学者たちの晦渋な憲法論とは違う英米法的な明快な考え方の紹介であり、あたかも学者の秘技のようだった憲法学を村々の青年たちにも分かるように書き表した、文字どおりの通俗的解説書である。

明治憲法はドイツ（正確にはプロシャ）憲法に倣って作られたものであるとは、中学生の教科書にも書かれているいわば国民の常識のようなものであるが、実像はもっと複雑である。

アメリカ政府が占領軍向けに作成した『日本案内（Guide to Japan）』には、「明治憲法はプロシャの専制政治を父に、イギリスの議会政治を母にもち、薩摩と長州を助産婦として産み落とされた両性具有の生き物である」と書かれているというが、至言というべきであろう（ジョン・ダワー『敗北を抱きしめて』下 岩波書店 二〇〇一 一〇九頁）。美濃部達吉の憲法学説が、「頭はドイツ国法学、心はイギリス憲政論」だといわれたのも故なきことではない。「慣習憲法（不成文憲法）のイギリス憲法を成文化すれば明治憲法に似たものになる」というのは識者の常識だし、明治憲法がドイツ・モデルでも、漸進的にイギリス的な解釈と運用に変わっていくと期待した人たちが制定当時にはいたのである（長尾龍一他編『憲法史の面白さ』信山社一九九八 一四四頁）。

したがって、植原悦二郎が明治憲法をイギリス・モデルで解釈したのも、何ら奇異なことではない。ドイツ・モデル一辺倒だった明治四十五（一九一二）年時点でのイギリス・モデルの憲法解釈は憲法学史上興味深い事実のはずであるが、今まで憲法者には注目されてこなかった。同書が全国に数冊しか現存しないので研究者の目にとまらなかったこと、著者植原の学者・論説家としての期間が明治四十五（大正元）年から大正五年までの五年間しかなく、政治家に転進したことによって、学者としては不成就・無名に終わったことなどがその理由であろう。また、戦後の歴史学者や憲法学者たちにとって、明治憲法は検討するにも値しない悪法との思い込みがあるからだとも考えられる。しかしながら、明治憲法とよく似ているイギリス慣習憲法の運用の実際をよく知っていた植原からみれば、明治憲法そのものが悪いのではなく、解釈と運用が悪かったのである。

植原は高等小学校卒業後に家出して、少年期以後の教育をアメリカとイギリスで受けた。つまり、彼は自我と思想の形成期に日本の教育を受けておらず、ドイツの学問に対する日本的な憧憬と劣等感がない。むしろ、英国からみた「憲政後進国のドイツ」という視点を持っている。日本の学界の権威主義や封建性にも疎い。帰朝した植原は大胆にも次のように日本の憲法学者たちを批判した。

「我國に於ける独逸《ドイツ》派の或学者は独逸に流行せし國家学を主張し、國家と政府、國家の主権と政府の権勢とを混同し、動《やや》もすれば我國に於いて武断政治をも鼓舞せんとす。これ単に彼等は独逸派の國家学を倣ふのみにて、何故《なにゆえ》独逸殊《こと》に普露亜《プロシア》に於いて斯《かか》る國家学が称讃せられしかを窮究《きょうきゅう》せざるがためなり。

独逸帝國と称《とな》ふるものは幾多の聯邦《れんぽう》を以《もっ》て約四十年前漸《ようや》く建設せられたるものにして、其《その》帝國の基礎極めて薄弱なり。故に独逸帝國は聯邦の統一を全《まっと》うし、其基礎を強固ならしめんがため、凡《すべ》てを犠牲に供さざるを得ず。これ独逸聯邦を中心とする普露亜に、斯る一種の國家学なるもの興り頻《しき》りに珍重称讃せられし所以《ゆえん》なり。」（『立憲代議政体論』二五〇頁）

「然るに、独逸学派の或國家学者は人間の存在を捨てて、抽象的に國家なるものを、自己の胸中に蜃気楼のやうに描き出し、厳格らしく論ずることあり。此種の学者は憲法を解釈するにも矢張り人間の存在を認むることなく只管文字の意義に拘泥し、自ら漂泊する所

を意識せざるものの如し。」（同書九頁）

「曾て独逸の哲学者ヘーゲルは、只菅厳然たる論理一片に基き宇宙の森羅万象を解釈せんと企て、其結果彼自身の胸中に一種異様の宇宙を案出せり。國家の組織及び憲法制定の源泉たる人間を忘れ、國家の存在を論じ、憲法を解説せんとするものも亦蓋し此類なるか。」（同書九～一〇頁）

現代哲学の世界では、言葉が指し示す対象のことをさしおいて、「只管文字の意義に拘泥」することを、Verbalism（語句拘泥）といい、Verbalism に起因する論争のことを Verbal disqute（言葉をめぐる争い）という。初歩的な思考の混乱である。なかには承知のうえで「言葉尻を捉える」という性根のよくない言い争いもある。植原はこのことを早くも明治四十五年に指摘しているのである。また、それに陥る理由についても次のように的確に指摘している。

我國に於ける幾多の憲法学者は能く熱心に明治二十二年発布せられたる憲法の行文字義を論じ、種々なる註釈を付せらる、と雖も、更に憲法が実際如何に運用せられつ、あるかを研究せざるもの、如し。文字はものの符号なり。其数にも限あり、意義も亦不完全なることを免れず。而して宇宙の森羅万象及び人間の思想は殆ど無限なり。此不完全にして限ある文字を以て殆ど限なきものを代表せしめんとすは固より完全なる能はず（前掲書六～七頁）。

「文字はものの符号なり」という前提でものごとを考えることをノミナリズム（唯名論）という、明確な思考をしようとする者にとっては当然の手法である。

植原はこのような立場にたって、『通俗立憲代議政体論』で英国憲法について解説しながら、明治憲法下でも国民主権であり、象徴天皇であり、責任内閣制であると説き、また、枢密院、官僚政治、政党、国民の自由、地方自治制度などの諸問題について明快に著した。

①国民主権論

法哲学者・長尾龍一教授は、植原悦二郎の唱えた国民主権論について次のように説明している。

「水よく舟を載せ、水よく舟を覆す」とは、徳川家康が座右の銘としていた中国古典の言葉で、水は国民、舟は権力者を意味する。「権力の正統性の根拠は国民にある」という思想は昔から存在した。中国古代の思想家孟子は、権力を与奪するのは「天命」だが、その天命は民の心を通じて現れると言っている。国民がだめだと思えば、天命が去って権力は滅びる。水が舟を覆すのである……。

「どんな国家でも、主権者は国民で、政府の統治権は主権の派生物である。明治憲法第一条が天皇の主権ではなく、統治権を定めているのは、主権は国民にあることを前提にしている」と、戦前に唱えた人物がいる。大正期の「急進的自由主義者」の一人、植原悦二郎である（長尾龍一『憲法問題入門』ちくま新書　一九九七　六二～六四頁）。

植原が『通俗立憲代議政体論』を出版したのは帰国して約一年後の一九一二（明治四十五）年二月であるが、その年に奇しくも、憲法学者・美濃部達吉と上杉慎吉の論争が始まった。植原は両者を名指しで批判する論文「憲法上の謬想・上杉、美濃部、市村博士の論争批評」を雑誌に発表した（『東洋持論』三巻　八号　大正元・八）。上杉、美濃部、市村、三名の憲法学者間の論争について、植原の憲法解釈にてらしてみれば、どれも間違いを冒していると指摘したのである。

余は六月及七月発刊の『太陽』誌上に於て、美濃部、上杉、市村三博士の憲法に関する議論を非常の興味を以て読んだ。……（中略）……そこで余をして最も公平に且つ忌憚なく言はしむれば、三博士の憲法に関する解釈は、何れも五十歩百歩であると思ふ。……

（以下略）……（『東洋時論』前掲号二一～二三頁）

植原によれば、美濃部・上杉両者の議論は主権と統治権を混同した上でなされている。「大日本帝国ハ万世一系ノ天皇之ヲ統治ス」という憲法第一条は、統治権が天皇にあることを規定しているだけであって、主権が天皇にあるとはどこにも書いてない。主権が国民にあるというのは当然の前提だからである。

そもそも、統治権は憲法の規定によって与えられる憲法あってこその問題であるが、主権は憲法そのものを作成しあるいは変更することができるという憲法以前の問題で、はじめから国民が持っているものである。

したがって、どのような「専制君主」でも、国民がその君主の存立を意識的か無意識的にか承認している場合にだけ君主として存在できるのであって、国民たちの「総意」に反してはいかなる君主といえども存在することなどできはしない。この総意を主権というのである。どのような君主国でも、君主があって国民があるわけではない。国民があって初めて君主がある。君主がなくとも国家や国民はあるが、国民がなくては君主が成立するわけがないだろう。国民のない君主などというものはロビンソンクルーソーのようなものである、と植原はいう。

「……市村、上杉、美濃部博士は、国家は人格であるとか、君主は機関であるとか、又そうでないとか頻りに論争して居る。而して之に就き欧米の学者の説を引証して弁護して居るが、欧米の学者の説を引証するよりは、此等両者を鋭く分析して事実を研究したら斯様な議論に時を費やすことはなかったろうと思ふ。学者の言よりも事実が最もたしかである。国家はその作用の方面に於いては人格と均しき性質を有して居るものだ。此性質を欠けば国家とは云はれない。君主も亦人間である。個人と同じ素質を有していれば、機関的性質も有して居る。君主を機関なりと云ふは其作用的方面から云ふのである。全部と各部を混同するから、国家人格説、君主機関説等に付き論争が起こるのである。」（『東洋時論』前掲号二二～三〇頁）

天皇主権だといわれていた明治憲法の下で国民主権を公言したのは、植原悦二郎と石橋湛山だけであろう。石橋湛山は「代議政治の論理」（『東洋経済新報』大正四・七）で国民主権を論じているが、植原の「憲法上の謬想」を載せた『東洋時論』大正元年八月号は石橋が編集した雑誌であり、石橋の国民主権論は植原のこの論説から学んだものである。松尾尊兊は「石橋の国民主権論は友人植原悦二郎の影響である」と指摘している（『大正デモクラシーの群像』

岩波同時代文庫版一二二頁)。

②象徴天皇論

明治憲法第三条には「天皇ハ神聖ニシテ侵スヘカラス」とあるのをとりあげて、明治憲法の非近代性の象徴のようにいう人もいるが、この条文は「天皇は神である」などといっているわけではない。植原はこの条文の意味するところを次のように説明する。

抑々、立憲君主国に於ける「君主神聖不可侵」なる原則は、英国に於いて生れ出でたるものである。……併し、英国の国民は国王を全知全能、完全無欠の神様と信じ無暗に有り難がって居る愚物ではない。………君主に対する迷信を以て満足して居るものではない。彼等が憲法上「国王は悪事を為し能はぬ」(The King can do no wrong) と云ふは、国王なるものは憲法上、国務大臣を離れて独断に国政に関し裁決し給ふものではないと云ふ理由に基くのである。英王は専制君主ではない。立憲国の君主である。故に政治に関するものは「朕一人の意思なり」と宣ふことはない。又、国務大臣も「上御一人の御言葉である」と云ふてその責任を陛下に塗り付くることは出来ぬのである。

我国の憲法三条に於いても、「天皇ハ神聖ニシテ侵スヘカラス」と規定して居る。而して、之は立憲君主国に於ける憲法の最重要なる規定である。我国民が立憲政体の健全なる発達を望み、憲政の実を挙げ、皇室を泰山の安きに置き奉らんと欲せば、飽く迄此規定を尊重し、其意義を実現せしめねばならぬのだ。

然るに、我国の憲法学者は動《やや》もすれば、君主を人間以外の生物となし、神代の民が至尊に対して抱き居りしが如き観念を以て、此規定の意義を解釈しやうと努めて居る。又国民中の頑迷の徒は、君主の「神聖不可侵」と「神」の神聖と同意義、同一観念の如く思惟して居る。

けれども、現代に於ける思想の変遷は実に著しいものである。我国民とて何時迄も、世界は日本、唐、天竺で、太陽は東から出て西に没するものであるとは信じて居るまい。大師様や観音様に依って安心立命慰安を求めようとは思はぬやうになるに違ひない。水天宮様の護符を産婦に与えるよりは、不遠、我国民も迷信や謎で支配されぬやうになるであらう。……(「英王の神聖不可侵」『国家及国家学』大正二・三)

植原がロンドン大学に提出した博士論文は、大政奉還・明治維新からはじまって藩閥政治、民権運動を経て明治憲法制定に至るまでを詳細に分析検討したものである。この論文は、日本への関心が高まっていたその当時のイギリスにとっては価値のある文献だったのであろう。指導教授の世話により一九一〇年にLondon constable社から『Political Developmentt of Japan 1867～1909』(『日本政治発展史』)というタイトルで発刊された。

植原はこの著作で、「天皇は、日本人大衆の心に、過去から現在までの国についての心象と国民同胞という観念を生じる象徴である」(the Imperial Throne is the Symbol which～)と明記している(二〇二頁)。イギリスで彼のこの論文が発刊されたのは一九一〇(明治四十三)年である。明治憲法下でこのように天皇が象徴(symbol)であると公言したのは植原一人であろう。本稿では一九一三(大正二)年の雑誌論文を引用したが、君主神聖不可侵論を文語体で著した『通俗立憲代議政体論』を上梓したのは一九一二(明治四十二)年のことである。

植原はこのような君主の象徴性を、ウォーラス教授の指導の下で、イギリス王室の実際の姿や、W・パジョットの著作『イギリス憲法』(Walter Bagehot ,English Constitution)の次のような見解に学んだことはほぼ間違いないであろう。

……国民は党派をつくって対立しているが、君主はそれを超越している。君主は表面上政務と無関係である。そしてこのために敵意を持たれたり、神聖さをけがされたりすることがなく、神秘性を保つことができるのである。また、このために君主は相争う党派を融合させることができ、……統合のための目に見える象徴となることができるのである(W・

バジョット『イギリス憲政論』中央公論社　世界の名著七二巻　一〇〇頁）。

③責任内閣論（明治憲法第五十五条の植原的解釈）

国民主権論や象徴天皇論の他にも、特筆すべきは明治憲法第五十五条の解釈論である。イギリス政治学者植原悦二郎の法解釈の仕方が典型的に表れている。

意外に思うかもしれないが、明治憲法下における総理大臣の地位は、今とは比較にならぬほど不安定で弱いものであった。首相の上には元老がおり、首相は元老によって選ばれた。しかも、総理大臣の法律上の地位は他の大臣と対等でしかなかった。「国務各大臣ハ天皇ヲ輔弼《ほひつ》シ其ノ責ニ任ス」という第五十五条の規定を文字どおりに解釈すれば、それぞれの大臣たちが個々に天皇を補弼し責任を負えばよいのだから、各大臣は総理大臣の指揮に従わなくとも構わないことになるからである。

これは意識的に作られた「法の不備」である。起草者井上毅は、イギリス的な議院内閣制よりもプロイセン流の超然内閣の方が国情に合っていると判断した。当時の政府と議会とが、国際的生存競争の渦中にある日本の地位を確保することなぞ考えもせず、「徒《いたずら》に小局の争に汲々《きゅうきゅう》として、大局の何物たるかを忘れ」ている状態だったので、その方が政治の安定を維持できて国益にかなうと判断したのである。起草にあたった井上毅は明治二十一年の枢密院にける憲法草案審議の場で、第五十五条の立法趣旨を次のように説明している。

英国においては内閣を以て一団体と看做し、恰も一個人と資格を同じうし、各個分任して責任せず、一体として責任す。……我憲法は英制を採らず。……天皇の主権は議院に譲らず、内閣に与えず、天皇自らこれを統治す。……各大臣は天皇に対して各々その守る所を尽す（稲田正次『明治憲法成立史』下巻　有斐閣一九六二　七〇七頁）。

天皇の統治権（じつは元老集団による統治）は議院にも内閣にもゆずってはならない。総理大臣に権力を集中させれば天皇の大権（じつは元老集団の政治支配）をも侵しかねない。これを防ぐために各大臣の権力を分散させねばならぬ。憲法第五十五条の規定はそういう目的のために設けられたのである。

ところが、時代を経るにしたがって、起草者たちの予想をはるかにこえて現実の日本社会の方が急速に近代化してきた。大正デモクラシー時代には、実質上の衆議院の優位、議院内閣制、男子普通選挙などが実現して、西欧型の立憲君主制がほぼ実現していたのである。

元老たちが健在の間は、この矛盾した憲法の下でも国家意志を統一することができた。政党の指導者が、原敬のように強力な政治手腕がある場合にも同様だった。しかし、有力な元老たちがみなこの世を去ると、もともと、権力を分散する意図で設けられた五五条が災いした。核心となるべき指導者がいなくなると、議会を基盤とした強力な指導者が登場することを防止した第五十五条のせいで、国家としての意志統一をすることが極めて難しくなっていった。昭和初期から終戦までの政府は、機能不全というに等しい権力の分散下におかれた弱い存在だったのである。

つまり、明治憲法は昭和初期にはすでに「耐用年数」がつきかけていたのだといってもよい。明治憲法の本家ドイツでは、日本が模範としたプロイセン憲法の下でのウィルヘルム二世の「素人政治」（天皇親政に相当する）の帝国主義時代は崩壊し、第一次世界大戦、敗戦、ワイマール憲法時代、ヒトラーとめまぐるしく変遷している。

ところが、日本では社会の変貌にもかかわらず、明治憲法は「不磨の大典」として扱われていたから改正などは思いもよらない。美濃部達吉の天皇機関説は、明治憲法の制約の中で欧米的な議会重視の政治体制の正当化をしようというものであったが、これに比べれば、ドイツ憲法学に汚染されていない植原悦二郎の第五十五条解釈は次のようにじつに簡潔明快である。植原は、憲法は「不磨の大典」扱いされるべきものではないと次のように説明する。

憲法は不変のものならず。成文憲法なれば其行文を改正せざる限り、その法文は不変なるべきも、憲法は不変なりと謂ふべからず。憲法を運用するものは人間なり。而して人間なるものは時々刻々変化しつつあり。憲法の行文は不変なるべきも、如何でか其運用が運用するものの変化に応じて変化せざるの理あらんや。

加之、憲法は之に付属する議院法及議院選挙法等の改正に由り甚しく変化するものなり。英国の有名なる憲法学者ウィリアム・アンソンは、英国の憲法は一八三二年の選挙権拡張に由り、根本的変化を来たせりと主張し、其著書中に論ぜる一節あり（low and cusutom of the constitution 三版第二巻緒論二八頁）。……（中略）……。

されば何れの国の憲法も時日を経過するに従い、漸々制定者の意志と隔たり、行文の意義に違ひ、社会の変化に応じて変化すべし（『立憲代議政体論』七～八頁）。

こういう考え方に基づき、五十五条の解釈の仕方について植原は次のようにいう。

ドイツ国家学者の説に酔って、事実を無視し、みだりに抽象的な議論を好む癖のある我が国の憲法学者たちは、責任という文字の意味がよく分かっていないので、大臣と内閣の責任についての議論がまちまちになるのだ。

憲法で大臣や内閣に関して使用する「責に任ず」という文字は、responsible という文字を直訳したもので適切な訳語とはいえない。充分にその意味をわきまえて使うべきである。

日本の憲法学者の中には英語で表せば responsible for ～という熟語で表される類の責任（～に関する責任）を述べている者すらいるが、「何人と雖も社会の一員として、瘋癲白痴にあらずんば其職務に対して責任を有するは必然なり。何ぞ之を特に国務大臣に対して規定するの必要あらんや」。

憲法でいう大臣の責任とは、responsible for ～ではなく、responsible to ～すなわち、誰に対して責任を負うべきなのかだけを考えればよいのである（前掲書七二頁。原文は文語体）。responsible to なる文字を意訳すれば、「応じて答ふ」又は「応じて進退す」といふ意義にして、国務大臣は、君主に責任を負ふべきもの、又は国民の輿論を代表する議会に於ける多数に責任を帯ぶべきものなりと云ふは、国務大臣は、君主の独断意思に応じて進退すべきもの、又は国民の輿論を代表する議会に於ける多数の意思に応じ、進退すべきものなりと解釈すべきものとす。而して前にも述べたる如く、国務大臣の進退が専ら君主の独断に由りて決すべきものとすれば、専制国にして立憲国にあらざるべし。我国に於ける多数の憲法学者は我憲法五十五条を斯く解釈するも、言わば事実を没却したる議論なりと謂はざるべからず。我国の国務大臣の後継者は、時の大臣及元老等に由りて略ぼ決定し、陛下は之に対して儀式的に任命せらるる慣例なることは事実を知る何人も疑わざる所なるべし

（前掲書七三頁）。

このように、植原の論述はきわめて明快かつ自由自在である。続けて次のように述べ、責任内閣制を採るべきことを主張している。

憲法には内閣に関する規定はないが、現に内閣は存在している。内閣とは議会における多数の意見に従い国政を実行すべきもので、当然連帯責任を有する責任内閣でなければならない。内閣の連帯責任が皇室の大権を冒すだろうなどとは杞憂でしかない。陛下の威信を傷付けるのは、陛下の権威を笠に着て国民の世論を無視し議会を蹂躙《じゅうりん》する場合であって、それは責任内閣制をとらず少数の元老などによる寡頭《かとう》政治が行われる時に生ずるのである。「責任内閣と責任内閣ならざるものとの相違は、前者は連帯責任を帯び、後者は之をなさず。前者は国民を信じ、愛し、国民を基礎として国家を中心として国政を行い、後者は国民を嫌い、国民を隔て、国民を指揮し、国民を屈辱せしめ、自己の地位権勢を中心として、……議会を操縦し買収し、………時として皇室を煩わし、皇室の尊厳神聖を汚す……。」（前掲書八〇頁・原文は文語体）

コラム⑤

植原悦二郎の国民主権論

高名な法哲学者の長尾龍一教授は植原悦二郎を次のように紹介している（『憲法問題入門』六二頁）。

「水よく舟を載せ、水よく舟を覆す」とは、徳川家康が座右の銘としていた中国古典の言葉である。水は国民、舟は権力者を意味する。

「権力の正統性の根拠は国民にある」という思想は昔から存在した。中国古代の思想家孟子によれば、権力を与奪するのは「天命」だが、その天命は民の心を通じて現れる。国民がだめだと思えば天命が去って権力は滅びる。水が舟を覆すのである。「どんな国家でも、主権者は国民で、政府の統治権は主権の派生物である。明治憲法第一条が天皇の主権ではなく、統治権を定めているのは、主権は国民にあることを前提にしている」と戦前に唱えた人物がいる。

大正期の「急進的自由主義者」の一人、植原悦二郎である。

「主権は国民にある」という考え方を国民主権論という。現行憲法は国民主権を明記してあるが、天皇主権だといわれていた明治憲法の下で国民主権論を公言したのは、植原悦二郎、だけである。

植原悦二郎は思想形成期のハイスクールと大学時代をアメリカで過ごした。周知のように、アメリカは大西洋のかなたから人々がバラバラにやってきて、住みつくところから始まった。独立戦争に勝ち、自分たちで秩序を創造しなければならなくなった時、彼らが考えたのは、合意による秩序を作ること、すなわち社会的な契約をすることであった。したがって、アメリカの独立宣言では、「政府の権力は国民の同意によって正当化される」、つまり、主権は国民にあるということは当然の真理であると宣言している。

植原はそのアメリカで思想形成期を過ごした。彼が学んだワシントン大学のスミス教授は、当時のアメリカでの優れた政治学者であり、進歩的運動の知的リーダーとして貢献した。ルーズベルト大統領はスミスを賞賛し、その学説をしばしば援用したという。

植原は「私が民主主義について徹底した認識を持つようになったのは、主としてスミス教授の感化によるものである。在学中、私は同博士のもとでもっぱら政治学を学んだ」

と書いている（植原悦二郎『八十路の憶出』六九頁）。植原はこのスミスの下でジェファーソン（独立宣言起草者）的な民主主義精神を自分の血肉にしたのである。

植原はさらにロンドン大学で三年間学んで学位を取得し、帰国後の一九一二（明治四十五）年に明治憲法を英米法の頭で読み解いた『立憲代議政体論』を上梓した。

この著作は理路整然、論旨明快な格調高い名著である。明治憲法を英国憲法的に読み解いた、憲法学史上の重要な文献であるにもかかわらず、今までは憲法史の研究者たちにさえ知られてこなかった。全国に数冊しか現存せず目にとまらなかったせいであろう。

このたび日本憲法史叢書9『植原悦二郎集』（信山社）として復刻されたことの意義は大きい。

（『市民タイムス』平成21年2月26日掲載）

第六章　大正デモクラシーと植原悦二郎

第一節　急進的自由主義者・植原悦二郎

植原悦二郎が急進的自由主義者であったと聞けば、意外に思う人が多いかもしれない。戦後の植原を知っている人は、彼が保守的な政治家だと思っているだろう。

植原は、一九一〇（明治四十三）年十二月にイギリスから帰国して以来、一九一七（大正六）年に政界に進出するまでの数年間、石橋湛山《たんざん》の雑誌『東洋時論』（後に『東洋経済新報』に併合）や茅原崋山の雑誌『第三帝国』で自分の論説をいくつか発表している。これらの雑誌は、経済的自由主義を旗印に掲げ、領土拡大・植民地獲得をもくろむ大日本国主義に対し小日本国主義を唱え、満州国放棄、台湾・朝鮮からの撤退、対中国非干渉論を主張していた。

編集長石橋湛山の対中国政策論については、増田弘『侮らず、干渉せず、平伏《ひれふ》さず』が詳しい。この書名は石橋の対中国観を端的に表している。なお、同書によれば、軍縮や満州問題を討議するためのワシントン会議に消極的な政府、軍、世論に対して、石橋は積極策を唱えて「太平洋問題研究会」を設置し、会議参加者に対する勧告文を書いたが、植原はその研究会の重要なメンバーであった（増田弘『侮らず、干渉せず、平伏さず』六〇頁）。

茅原崋山は『第三帝国』を発刊し、減税、軍縮、小日本国主義、普通選挙を標榜した。茅原がロンドン駐在の新聞記者で、植原がLSEの研究生だった頃に二人は共鳴しあっていたから、この『第三帝国』にも論説「我憲政発達の九大障害」を掲載している。

註 これは重要な論文である。『植原悦二郎集』に収録。いうまでもないことだが、この誌名は後のナチスドイツとは何の関係もない。劇作家イプセンの描いた理想国家の名称から採ったものである。

『東洋経済新報』は、当時の世論であった大日本主義、軍国主義、専制主義、国家主義に対して、小日本主義、産業主義、自由主義、個人主義を標榜したことはつとに知られている。これらはイギリスの立憲政治体制と、当時のイギリスに勃興していた新自由主義（new liberalism）の標榜であり、主筆・石橋湛山は東洋経済新報の社是を「新自由主義」と呼んでいたが、後の歴史家が「急進的自由主義者」といったのでそれが通称となったのである（松尾尊兊『大正デモクラシー』一二七～一三〇頁・宮本盛太郎『日本人のイギリス観』一〇五～一三六頁）。

註 イギリスの「新自由主義」には二種類がある。サッチャー政権が福祉予算などの政府予算を切りつめた際の理論的根拠となったのも新自由主義というが、これはF・A・ハイエク、M・フリードマンらによるといわれる最新のものであり、「よきものは市場で勝利し、不適なものは淘汰される」という市場中心原理である。

この新自由主義者ハイエクの思想には大きな問題がある。アメリカでは、国家レベルでの経済力向上を目指してレーガンがこの政策をとったことにより、社会階層の貧富二極化が進行し、それまで民主主義を支えてきた健全な中間階級が少なくなってしまったことが現在アメリカの社会問題となっている。そもそも、市場経済がが成り立つには、市民が健全な公共精神や正義感などの一定以上のモラルをもっていることが前提となるが、多数の貧者の発生でその前提自体までもが衰退したのである。(現在の日本の政策はこの方向に進められている)。

「ダーウィン的モデルにおいては、不適者は淘汰され死滅する。ところが人間界の経済現象においては、市場における不適者は死滅せず、却って量的に増大する。この敗者の大群、人類史における最大の問題をなす膨大な人々の群に対して、ハイエクは倫理的関心はもとより、理論的関心さえほとんどない」(長尾龍一『純粋雑学』一七〇頁)

このようなハイエクの neo liberalism とは逆に、石橋らの採っていたのは、二十世紀はじめのホブソンやホブハウスの new liberalism といわれるもので、自由放任経済体制が生む弊害を、福祉や社会政策などの国家的施策で解決すべきであるという理論であり、かつて、「ゆりかごから墓場まで」と誇った福祉国家イギリスの政策に論的根拠を与えたものである。

一九一一年にホブハウス（L.T.Hobhouse 1864～1929）が著したLiberalism「自由主義」は、新自由主義の記念碑的な著作である。ホブハウスは、個々の人間の自由を実質的に実現させるためには、自由放任の経済体制ではなく、国家による調整も必要であることを説いた。野放図な自由競争を放任したり、弱者や敗者を無視し切り捨てる政策では、健全な社会を形成できない。

弱肉強食ではない公平な分配としての年金、失業保険、健康保険などを整備するなど、政府による具体的な施策によって、社会の公正を実現し維持するべきである。国家には、勤勉な国民が自分の生活を健全に維持できるだけの条件を整える義務がある、とホブハウスは説いた。

個人の人格や権利の実現は、こうした健全な共同体（社会）においてのみ可能なのであり、こうした社会においてのみ人間は生きるに値するのだ、とホブハウスはいうのである。

この新自由主義は、個人の政治的・社会的自由を保障するという点では自由主義的であり、経済的自由放任主義が生む弊害を国家の政策で解決しようとする点では、社会主義的である。石橋湛山は、いみじくも「個人主義と社会主義との統合」だといっている（『東洋経済新報』一九一五・三）。

ちなみに、植原は明治大学の学生にこれらの学者の原書を講読させている。植原の指導を受けたことがきっかけとなって、後に明治大学教授、名誉教授になった弓家七郎は、優れた指導者としての植原の姿を次のように伝えている。

政治学の参考書としてどんな本を読むとよいかとお尋ねしたとき、先生は、日本にはまだ民主主義が発達していないので、日本人の政治学者、ことに国立大学の教授たちの書いたものにはロクなものがないから、そんなものを読んでも無駄だ。それよりはプラトンやアリステレス等の古典を精読しろと言われたので、私たちは古典をまじめに読みました。……（中略）……。私たちは先生のご指示になった外国人のいろいろな原書を一生懸命読みました。バジヨットの『自然科学と政治学』、ホブソンの『自由主義』やホブハウスの『社会進化と政治の理論』等は今もって感銘の深い本です。

石橋湛山が大正四年に書いた「代議政治の論理」は、植原の国民主権論あってのものであることは明白だが、その他にも出所は植原だという社論は多いことであろう。社主の湛山よりも多くの社説を書いていた清澤洌は、彼の媒酌人植原からイギリス自由主義を会得した（『石橋湛山全集第十三巻』）。大正デモクラシーへの植原悦二郎の貢献度は、彼自身の自覚よりもはるかに大きかったのである。

第二節　吉野作造「民本主義」批判

学校の期末試験用には、大正デモクラシー＝吉野作造の民本主義と憶える。吉野作造の民本主義は大正デモクラシーの代名詞ともいえるほど有名であるが、植原悦二郎は、吉野の民本主義と憲法解釈を徹底的に批判した。

東京帝大の政治学教授吉野作造は「憲政の本義を説いて其有終の美を済すの途を論ず」（『中央公論』大正五・一）という論文を発表した。これに対して植原は「吉野博士の憲法論を評す」（『国家及び国家学』大正五・三）、及び「吉野氏の憲法論と民本主義」（『日本及日本人』大正五・五）という論文を発表し批判した。

吉野の民本主義が、民主主義を意味する（democracy）の訳語であるにもかかわらず、民主という言葉を使わずにあえて民本という造語をしたのは、天皇主権という明治憲法解釈のたてまえとの対決を避けるためであった。明治憲法における主権はどこにあるのかという問題を正面に据えることをせずに、「一般に広く参政権を与えよ。政治は議会を尊重すべきである」という、極めて現実的・政治的な主張だったのである。吉野自身が、「民本主義とは、法律理論上の主権は君主に存りや人民に在りやは之を問ふ所ではない」、「民本主義は政治上の主義であって法律上の説明ではない」と述べている（『中央公論』大正五・一）。吉野作造本人が、民本主義は政治上の主義であって法律上の説明ではない、と断っているとはいうものの、民本主義は、外見と違い、法理論として論究するに値しないほど粗雑な理論である。植原にとっては、吉野はことごとく詭弁を弄しているとしか思えない。

吉野の論文を読んだ植原は、「吉野博士の憲法論を評す」を発表して、徹底的かつ精細に批判した。その時は吉野に対して一応の敬意を表している。吉野に対する呼称も「博士」でとおしている。それに対して吉野は植原を軽くあしらって愚弄したものらしい（掲載誌不明）。そこで、植原は五月に、「吉野氏の憲法論と民本主義」と題した反批判を発表した。彼はよほど腹に据えかねたのであろう。「学者の態度として断じて許さぬ」とまで書いている。吉野に対する呼称も前回の「博士」から転じて「吉野氏」に変わっている。植原は、憲法学者としては度し難いと評価していた上杉慎吉に対してさえも、「博士」という呼称を使っているにもかかわらずである。

しかしながら、両者の論争はしょせん噛み合うはずはないのである。植原がイギリス法の頭で明治憲法の法理論を展開しているのに対し、吉野はそのような思考の枠組みを持っていなかったからである。

イギリスは先進国ではただ一か国の「不成文憲法」の国である。体系的に整理された条文憲法がないイギリスでは、慣習、判例、国会法などの他の法律の総合が「憲法」なので、これらの法源の背景や歴史的発展の理解がなくては、イギリス憲法を理解することはできない。吉野は理解が足らず、植原には吉野とのこのズレが理解できていなかった。

植原が学んだ英国憲法は、何ら成文化されていないが、それでも英国には「憲法」としての概念は存在する。それは長年にわたって集積されてきた法文化（概念）である。成文憲法の前に憲法概念があり、それを支えているのが国民の主権である。また、その内容は、当然、時代によって、判例によって変化していく。憲法が吉野のいうように「不磨の大典」だなどということは、植原にとってみれば笑止の沙汰でしかない。

イギリスで議会制民主主義の精神が健全に成長し、議会や行政機構もその精神に則って機能している現実の姿をみてきている植原からみれば、吉野はその姿を知らずに、矛盾だらけの空理空論を弄んでいるとしか思えない。憤懣やるかたなき植原は、筆鋒鋭く吉野の民本主義思想の矛盾を衝く。

吉野氏は「所謂《いわゆる》民本主義とは、法律の論理上、主権の何処に在りと云ふことは、措いて之を問はず、唯其の主権を行用するに当って、主権者は須《すべか》らく一般民衆の利福、並に意嚮《いきよう》を重んずることを方針とすべし、と云ふ主義である」と論じて居る。

茲《ここ》に至って、吉野氏の民本主義なるものは、益々理解が出来ぬ。民本主義とは、理論上、主権の何処に在りやは不問とは何事であるか。吉野氏は、デモクラシーの氏の所謂第一義として、国家の主権は、人民に在りと云ふて居るではないか。民本主義が、此の意味を有して居らぬとすれば、デモクラシーの解釈とはならぬのだ。又国家の存在、立憲政体の根本を論ずに当って、主権が何人に在りやと云ふことは措いて問はずとは何事であるか。

デモクラシーの第一要素は、国家は国民のものであると云ふ観念である。主権が国家の一人、或は少数者に在りと云ふ主義ならば、それはデモクラシーではない。（中略）デモクラシーの観念は、国家は国民（君主国に於ては君主を含む）のものであるから、国民は国家の為、彼等自身の政治を行ふべきものであると云ふのである。而してデモクラシーの観念が、世界に於ける現代文明の主調となって居る所以《ゆえん》は、最も進歩したる思想上に於いて、之を真理と認むるからである。

余は吉野氏の云ふが知く、これを以て今日の学問上の定説であるなどとは云ふて居らぬ。余は之が事実であると云ふのだ。

（中略）

吉野氏の民本主義は、氏の議論の種々なるものに於いて研究すればする程、何が何やらさっぱり分からぬのだ。氏は或時は国王神権説を民本主義と云ひ、成時は民主思想の根底に蟠《わだかま》る思想を民本主義というのである。

（中略）

以上は吉野氏の憲法論及び民本主義に関する要点のみの批評である。若し余の議論に論理の矛盾があり、事実に反することがあるならば、余が理解し得るやうに実証を挙げて指摘して貰ひたい（『日本及び日本人』大正五年五月号）。

じつは、吉野作造は、国民主権の民主主義というものは衆愚政治であって、やがて国の行方を誤ることにもなりうると懸念していた。吉野の民本主義の基盤は、吉野自身による次のような記述に集約されている。

「私の考では最良の政治と云ふものは、民衆政治を基礎とする（精神的）貴族政治であると思ふ。そのおもうところ（中略）少数の賢者が近世政治の舞台に上って有効に其所思を実行するの途は、政党政治を外にしては断じてない。故に、政党は、本当の貴族政治の理想を今日に実行せしむる唯一の近世的設備であるといってよい」（「寺内内閣の出現に対する儼正《げんせい》批判」『中央公論』大正五年十月号）。それ故に、吉野は国家の存在理由が一般民衆にある、というような理論構成を警戒してこれを排除している（「民本主義の意義を説いて再び憲政有終の美を済す」『中央公論』大正七年月号）。

家永三郎は、戦後の論文「美濃部達吉の思想史的研究」（一九六三年）で、吉野作造の国民衆愚視が露骨なものだったことを指摘し、じつは、美濃部達吉にも同様な志向があり、「それが思想構造にとって最も致命的な弱点となっている」と述べている（家永三郎「美濃部達吉の思想史的研究『家永三郎集』第六巻一四二〜一四三頁）。

植原は、すでに一九三〇（大正五）年五月の時点で、吉野作造の民本主義や美濃部達吉の天皇機関説が有するこれらの問題点を看破していたことになる。

吉野との論争を最後に、植原は学界から政界へ入ってしまった。当時の我が国では稀少な存在だったイギリス政治学者植原悦二郎は、帰国してからほんの数年間だけイギリスの政治体制を説いただけであった。吉野批判論で示したような学者としての切れ味を生かすことなく、折角学んできた、政治現象に対するウォーラス的解剖のメスを使うこともなく、さっさと学界に見切りをつけてしまったのである。

なお、吉野作造は後年、植原と同じように、陸海軍大臣現役武官制と陸軍参謀本部及び海軍軍令部の帷幄上奏権《いあくじょうそうけん》（軍が作戦や用兵について天皇に直接進言すること）は、政府が統御することのできない「非立憲」的なものであると批判した（吉野『二重政府と帷幄上奏』大正十一年七九〜一七八頁）。

また、枢密院が政府及び議会の統制圏外の国家機関であることを指摘してその無力化を主張した（吉野「枢密と内閣」『東京朝日新聞』大正十三年四月六日）。

これらの問題は、植原がすでに明治四十五年発行の『通俗立憲代議政体論』ならびに大正三年の雑誌掲載論文（『第三帝国』大正三年十月号）で先に主張していたことだとはいうものの、吉野はこれを発表することによって、筆禍事件となり、東大退官後に入社していた朝日新聞退社の原因となった。細かい法的議論はともかくとして、政治戦略的には、吉野は訣別すべき相手ではなく連帯すべき相手だったはずである。

政界での植原は、終始、吉野との間にあったのと同じようなズレによって孤立し、そして屈折していった。政界入りした後の彼の恵まれなかった境遇を考えると、これだけ鋭い分析力をもった植原が、学者として大成する前に政界入りしたのはもったいなかったというべきであろう。

コラム⑥

言葉に酔う人々（植原悦二郎の日本人論）

掲載初年度には尊敬すべき安曇野の人物（故人）について、格調高く（？）紹介したが、次の年からは、主に政治的問題わけでも小泉改革や教育改革、田中県政などの問題性について格調構わずに論及してきた。

時あたかも小泉首相や田中知事の人気絶頂の頃だったから、「小泉さんの構造改革を批判するあんたは馬鹿ものだ」というお叱りをいただいたこともある。

だが、構造改革や教育改革は今や誰の目にも明らかな惨状をもたらした。私の指摘が的確だったわけだが、さりとて、「だから、言わんこっちゃない」などと喜ぶ気にはなれない。今の惨状とこれから先のことを想い暗澹たる気持ちだからである。

そもそも、みんな、言葉に酔いすぎる。構造改革だ、教育改革だと言われればそれがとてもよいことをもたらすだろうと勝手に思いこむ。そして熱狂する。前後左右のつじつまを合わせて冷静に合理的な判断をするということをしない。

こう述べると、「それは、戦後教育がいけなかったからだ」などと言いたがる、わけ知り顔の人もいることだろう。

だが、「神州不滅」「一億玉砕」のあの戦争は、まだ平和だった頃の「昭和維新という かけ声に酔う」ことから始まった。戦前の教育を受けた人々がやったことである。「革命」という言葉に酔ったスターリンかぶれの戦後派知識人たちも、戦前の教育を受けた人々である。

要するに、合理的な判断をせずに言葉に酔うのは、日本人の昔からの特性なのである。

植原悦二郎は、明治四十五年発行の政治学解説書『立憲代議政体論』の最終章で、英国人と比べた日本人の諸々の欠点を列挙し、解説している。

その一つが、「わが国民は事にあたり冷静に論理的に判断せず、熱しやすく冷めやすい」ということである。これに比べて英国人は、「経験を重んじ、事実を尊び、冷静にして空理空論にふけらず」と説明している。

植原はこの章でその他の欠点もあげて詳しく解説し、日本人が持つそれらの欠点は、日本の政治の発展のためには障害になると説いている（「立憲代議政体論」復刻版・信山社『植原悦二郎集』一一一〜一二三頁）。

じつは、植原のこの章の論説は、政治学者としての彼の本領なのである。彼の指導教授ウォーラス（ロンドン大学LSE）は、現在の政治学研究者にとっても必読の『政治と人間性』を著した碩学の政治学者である。

しかし、植原は政界入りしたことによって、高名な師から学んだ学問を活かすことはできなかった。このことは、植原にとってばかりではなく、我が国の政治や政治学・社会思想のためにも惜しむべきことであった。

（『市民タイムス』平成21年5月27日掲載）

第七章　天皇機関説事件と植原悦二郎

第一節　事件の意味と概要

天皇機関説事件というのは、それまでは権威ある憲法学説として認められていた美濃部達吉の天皇機関説が、国会の場で批判されて政治的に葬られた事件である。それまで官許正統学説として扱われていた美濃部の学説は、議会政治の正当性を保証していたから、これが葬られた時点で日本の議会政治はその命脈を絶ち切られたことになる。

天皇機関説事件と、それに続く国体明徴運動こそ、ウォーラスが問題にした「政治的象徴」である。しかも、植原が明治四十五年以来主張してきた、立憲政治体制の確立、議会政治擁護の立場を否定するものである。したがって、この事件について、植原は美濃部に加担してもよさそうなものだが、植原が美濃部のために何かをしてやったという形跡はない。そのことは第五節（一六三頁）で詳述することにして、その前に事件の概要と背景ならびに本質について説明する必要があるだろう。

すでに説明したように、憲法学者美濃部達吉と上杉慎吉は、かねてから明治憲法の解釈をめぐって対立し、激しい論争をしていた（第五章第一節一〇六頁）。この論争は、学問上のこととしてすでに美濃部側が一方的な勝利をおさめた形で終わっていた。それが、一九三五（昭和十）年になってから唐突に衆議院予算委員会に、ついで貴族院に持ち出された。衆議院予算委員会で質問したのは政友会の江藤源九郎である。続いて貴族院でも菊池武夫が口火を切った。

彼らは、天皇が機関であるなどという美濃部の学説は、国体をないがしろにする邪説であるが、これを支持するのか、しないのか、と文部大臣と首相に対して迫った。この質問が、美濃部追い落としのために周到に準備された戦略的なものであることに気づかなかった政府側は、何ら対応すべき原則をもって臨まなかったから、質問者の意のままに翻弄され後退していった。

自分の学説を反逆、謀反、学匪《がくひ》と罵倒され、「機関」の意味を勝手に歪曲された美濃部は、これに対する反撃演説を貴族院本会議場で一時間にわたって行った。この時の議席も傍聴席も満員で、聞いた者はみな感動を覚えた。当の菊池さえ、「ただ今、うけたまわった如き内容であれば、何も私がとりあげて問題にするにはあたらぬやうに思ふ」といった。菊池は美濃部の学説など何ら理解しておらず、狂信的な右翼蓑田《みのだ》胸喜《むねき》が書いた原稿によって質問をしていたのである。

この演説は全部の新聞がとりあげ、中には全文を掲載した新聞もあった。最初、新聞の論調は美濃部側の正当性を認めたものだった。これが却って右翼や軍人たちを刺激した。彼らは、天皇＝機関＝エンジン、天皇＝エンジンとはけしからんという論法で、機関説の反価値化と国民的反感を煽った。新聞も順次これに追随した。日本の新聞はこのような場合には大衆に迎合するのが常である。戦前・戦中の新聞が対中国武力弾圧と対米戦意を煽ったことは周知の事実だが、美濃部事件に際しても同様であった。言論思想史の専門家・掛川トミ子教授（津田塾大）は次のように述べている。

新聞は大衆の熱狂を鎮静させるよりは、多数の読者の間に存在している共通の欲求・感覚をより強く刺激する方向を選び、それによって興奮させられる大衆心理に新聞が追随する、という循環作用が行われ、相互の熱狂ムードと増幅作用がそこから生じ、新聞と大衆との間に心理的な同盟関係が成立したのである。

つまり、この過程が日本の「大衆新聞」成立の心理的背景であり、言論機関から心情の大衆化機関への転換を示すものである。日本の新聞の情報操作の特徴的な傾向は、情報に質的制約を加えたうえで量的には多量の情報を流すところにみられる。日本におけるファナティズム（熱狂・狂信）とこのような情報操作とは不可分な関係にあると考えられる。

このような新聞を基盤として、大衆の熱狂的ムードが国体明徴の国民的世論として造成され、日本社会に充満したことが、美濃部を孤立無援の姿で立たせたのである。……（中略）……

このときの知的社会・言論界の総沈黙は、暴力（テロリズム）への恐怖もあったが、同時に、知性は反知性とは論争できぬことを知っていたからである（掛川トミ子「天皇機関説事件」。橋川文三・松本三之介編『近代日本政治思想史』所収三四九頁）。

美濃部の学説は政治によって抹殺され、それ以後、社会全体から合理的な判断は失われていった。もともとは「国の様子」という意味だけで、価値観をふくまぬはずの「国体」という言葉が、この事件を契機にして、日本特有の情念と価値をもつ原理的な言葉に変身し、国体明徴運動へと発展していった。美濃部は辞職を強要され、機関説の立場をとっていた法制局長官金森徳治郎は人身御供《ひとみごくう》となって失職した。

第二節　事件の背景

美濃部達吉が政治によって葬られたとはいっても、彼のことを学問一筋のかよわい学者だったなどと想像しない方が、この事件の政治的な背景や本質が見えてくる。美濃部は矢面にたって先鋭的な政治的活動をした骨太の（別の見方をすれば、学者にしてはアクの強い）政治的人間でもあった。政治的に弾劾されたのは、彼自身が政治的人間だったからでもある。天皇機関説事件は、美濃部の次のような数々の政治的な動きに対するリアクションだったのである。

①民政党寄りの美濃部

政友会が美濃部糾弾にたったのは、美濃部が従前から民政党寄りの発言をしていたからである。当時の民政党は、親軍的で国家主義的な政友会と対立し、イギリス型立憲政治をモデルに穏健な政策をとっていたからだ（坂野潤治「憲法史と政治史」『憲法史の面白さ』一三二頁）。頭はドイツ国家学、胸はイギリス立憲政治モデルといわれた美濃部とすれば当然のことである。

②上杉・穂積の怨恨

美濃部はその上杉の師である穂積八束の憲法学説を「変装的専制政治論」だと批判してきた。また、美濃部から学説を批判された弟子の上杉は、理論の破綻をきたし学界では孤立し弟子にも逃げられるやらで、両者ともに美濃部を恨んでいた。

上杉慎吉は陸大、海大の憲法学の講義を長年続けており、軍との関係は深く、学者というよりは、軍と政友会の間を暗躍していた権謀家である。貴族院で美濃部批判の口火を切った菊池武夫は上杉の盟友・上原勇作元帥の部下である。

③治安維持法を批判

美濃部は、治安維持法が公布された翌年に「世にも希な悪法」として批判した。労農党代議士山本宣治が暗殺された時には、政府の左翼圧迫政策のせいであると激しく批判した。民政党の井上準之助が右翼によって暗殺された時には、政府の右翼暴力に対する取締の甘さを批判した。

④統帥権干犯を否定

民政党の浜口内閣がロンドン軍縮条約を結ぼうとしたときに、政友会は海軍とともに天皇の「統帥権干犯」であり、憲法違反であると非難して妨害したが、美濃部は、条約の内容は統帥権の範囲外で、何ら憲法違反ではないとして浜口内閣を激励した。

この事件についてイギリスの新聞ザ・タイムスは、「イギリス人からみれば、天皇が批准したのがなぜ天皇の大権を干犯したことになるのか理解に苦しむ。不思議な国だ」と報じている。

犬養毅が「憲政の神様」だったというのは、事実に反するまったくの虚像である。犬養は政友会党首として、「政府が軍令部の反対を押し切ってロンドン軍縮条約を批准するのは、統帥権上重大問題であり、憲法違反の疑いがある」という議会演説をした。兵力の決定は用兵問題ではなく、内閣の管轄事項であるというのがそれまでの常識だったから、犬養のこの主張は、政党内閣制の根幹を破壊する自殺的行為であった。彼は「憲政崩壊」のきっかけをつくったのである。

元老西園寺公望は、「いったい、犬養はどうしてあんな演説をするのだ」といぶかしみ、新聞は政変を期待した政友会の醜態を嗤った。「犬養毅は策士森恪に曳きずられて晩節を汚した」（松本清張『史観宰相論』一六九頁）。それに比べれば、美濃部の面目躍如たるものがある。

⑤帝人事件の陰謀を批判

帝人事件とは、帝国人絹株式会社の株取引に関する官僚の汚職疑惑事件である。平沼騏一郎は、自分が総理の座を得ようと斎藤内閣の倒閣を図って、かつての部下検事たちを使ってこの事件をでっちあげた。

美濃部はこのことを貴族院でとりあげて質問したので、平沼の恨みをかった。美濃部の天皇機関説を国会で最初に攻撃したのは、平沼直系の江藤源九郎である。なお、斎藤内閣はこの事件によって崩壊したが、これが平沼の細工であることを知った斎藤は、後継者として平沼を推薦せずに岡田啓介内閣を実現させた。

註、この事件を弁護して勝訴したのは飯田市出身の弁護士今村力三郎である。今村は幸徳事件、森戸事件などの大きな思想事件を担当した。詳しくは『信州の人脈・下』信濃毎日新聞社　九二頁。

⑥陸軍パンフレットを批判

陸軍は昭和九年に「たたかいは創造の父、文化の母」で始まる戦争宣伝のパンフレットを作った。「国家を無視する国際主義、個人主義、自由主義を芟除《さんじょ》し真に挙国一致の精神に統一する」という陸軍の主張に対し、美濃部は、「驚くべき放言」といい、「国際主義を放擲《ほうてき》する」ことは「世界を敵にすることに外ならない」。「世界を敵としてどうして国家の存立を維持することが出来やうか。起草者はこれによって国家主義を鼓舞する積もりであらうが、国際主義を否定する極端な国家主義は、却って国家自滅主義、敗北主義に陥る」と痛罵した。

その上、陸軍が排除しようとしている国際主義、個人主義、自由主義こそまさに「明治維新以来のわが帝国の国是であり、憲法上の基礎原則として宣言している」。我が国の急速な進歩は、この「個人主義、自由主義の賜ものに外ならぬ」。個人的な自由こそ「創造の父であり、文化の母である」と切り返した。

また、このパンフレットが「皇国」という語を使用していることについて、我が国には憲法で「帝国」という正式名称が定められているにもかかわらず、勝手に作った「皇国」という言葉を国の公の機関である陸軍省が使ったことは法理上容認できないと批判した。

このように、美濃部はファッシズム化の推進勢力である軍に対して、批判の最前線に立っていた。軍はどんな手段を使ってでも美濃部達吉の憲法学説と言論活動を抹殺したかったのである。

第三節　事件の本質

前節のような背景を知ってみると、天皇機関説事件は、政府による思想弾圧というよりは、民政党に対する政友会の攻撃という動機が出発点であり、さらにその奥に右翼・軍部の巧妙な戦略があったことが判る。政友会は軍の覇権戦略のお先棒を担いでいたことになる。当時、このことを指摘した果敢なジャーナリストは、清澤洌と阿部真之助だけである（清澤洌「美濃部著書の発売禁止」『経済往来』一九三五年五月号。阿部真之助「美濃部問題と岡田内閣」『改造』一九三五年五月号）。

政友会はその後、「国体明徴決議案」を衆議院に提案し、自由主義を封殺する国体明徴運動を先導した。しかしその政友会すらも、本性を露わにした右翼国粋主義者によって糾弾される羽目に陥ることになる。次のように政友会の自己撞着《どうちゃく》を指摘されたのである。

機関説打破、国体明徴に就いて政友会が屡々表面に出しは、純真なる国体観念に非ずして、政権を獲得せんとする野心に外ならず、……抑々政党とは何ぞや、機関説あるが故に存在するものに非ずや、夫《それ》機関説なくんば政党なし、実に機関説の実践は政党が政権を行使する事に非ずして何ぞや（「政党と機関説打破、国賊・政友会」『進め』第十一巻七号　一九三五『近代日本政治思想史Ⅱ』三三八頁）。

宮沢俊義の書いた『天皇機関説事件―史料は語る―』を繙《ひもと》くと、やりたい放題の軍部の専横と、その鼻息を伺いながら発禁処分や人事についていちいち軍の裁可を求め、後退と妥協を余儀なくされている政府の姿は想像以上にぶざまである。その様子は、主権在民でも主権在君でもなく、主権在軍とでもいうべきであろう。それにつけても、政権争奪の政略のために、政党が、美濃部の学説を葬って政党政治・議会政治を破綻に陥れたのは、信じ難いほどの愚挙というより他はない。

軍のいう国体明徴、皇道、天皇親政は全くの口実にすぎず、実際は、軍による政治の覇権がその目的だったのである。軍上層部の者たちは、天皇親政をいい、国民には『国体の本義』を、そして、戦線の将兵に対しては、『戦陣訓』を与えて「大君の辺にこそ死なめ」といいながら、自分たちは次のようなあきれかえるほどの厚顔さで「天皇機関説」を実践していたのである。

天皇が出光海軍武官に対して、「軍部が朕（天皇）の意に従わずして天皇主権説を云うのは矛盾ではないか」と問いただしたところ、出光武官は「大御心に添わないようなことがあっても、それを天皇主権の事実に添わずとされ、ひいて重大なる国体に関する解説を云々せられんとするは本末を誤るものと拝察致します。陛下はしばらく臣下の論議を高所より静観遊ばされ、これらの説に超越して大観あらせらるるがよいと存じます」と述べた（松本清張『昭和史発掘⑥』二〇一頁）。

ひとをくったような出光の言いぐさは、まさに不忠の極みというべきであろうが、見事なまでに当時の軍の意向を露呈している。軍部は、天皇親政に名を借りたそのじつ、天皇機関説にたち、天皇の名を借りて日本の政治を支配したかったのである。

戦時中の有能な内務省官僚だった増田甲子七は、次のような軍人との実話を書いている。

昭和十年というと、私は皇道派の中心といわれた柳川平助中将と会談したことを思い出す。……話し合っているうちに、柳川さんの考え方をきいて私が激昂することになってしまった。「日本の国体というものは、皇位が有り難いのです。皇位にいらっしゃる方が、もし不適当なら、血統をつがれた誰かと変えてもいいのです」。

初対面だが、これを聞いた私は思わず飛び上がった。烈火のごとくというが、私は頭に血がのぼってきた。「あなたは逆賊です。とんでもない考えを持っている。許されません。あなたと果たし合いをせねばならない」。私は若かったし、武道も結構やっている。首根っこを引き抜いてやる、という言葉があるが、そんな感じで私は彼をつかまえようと立ち上がった。……囲炉裏を二・三回回って追いかけた……。

柳川さんのような考え方を持つ者が、当時陸軍の将校の間にかなりあったことは事実である（増田甲子七『増田甲子七回想録—吉田時代と私』三三〇頁）。

実際にこのような目的をもって行動した軍人たちがおり、二・二六事件に際して秩父宮もあわやそれに乗りかけた。決起した将校らに奪取されることを恐れた天皇側近の指示によって、秩父宮は丁重に宮中まで「連行」され天皇に叱られた（秦郁彦『昭和史の謎を追う』上

九五頁　松本清張『昭和史発掘⑪』八七頁）。

こういう軍人たちについて、松本清張は「後年、彼らの望む軍部独裁内閣が成立したとき、彼らは何ひとつ天皇の意志を守ったことはない」と書いている（松本清張『昭和史発掘⑥』二〇五頁）。

天皇機関説を排撃した軍国支配者たちは、戦後に一転して極東軍事裁判（東京裁判）の法廷で、天皇に戦争責任は無いと擁護したが、それはまさに天皇機関説の論理そのものに他ならない。はからずも彼等自身が天皇を機関として利用（悪用）していたことを露呈した。天皇親政を願って血気にはやり内乱事件を起こした狂信的な青年将校たちは、はじめから軍上層部に裏切られていたのだということになる。

天皇親政論者たちは、彼ら自身が唱えた尊皇という建前とは逆に、結果として戦後の天皇戦争責任論者、天皇攻撃者たちに論拠を与えるという「貢献」をした。

註　役人ながら軍高官を怒鳴りつけた硬骨漢・増田甲子七は、戦後、内務官僚として福島県知事、北海道知事を務めた後、吉田内閣の運輸相に抜擢された。その後、植原悦二郎と同じ選挙区から出馬して衆議院議員となり、労働大臣、建設大臣、官房長官、防衛庁長官、党幹事長等を歴任した。

第四節　大正デモクラシーの崩壊と「国体」の勃興

慶応大学教授・蓑田胸喜は、他人の学説の言葉じりをとらえて故意に曲解し、貶《おとし》めることを得意とする学匪《がくひ》だった。京大の滝川事件を仕立てて京大法学部を瓦解させ、天皇機関説事件を仕立てて美濃部の政党政治擁護学説を葬った。ロンドン条約を締結した浜口雄幸《おさち》首相が襲撃された時には、小躍りして喜び校舎じゅうを駆け回った。慶応の学生たちは、彼の名前・蓑田胸喜をもじって「蓑田胸喜、狂気の乱舞」と落書きをして軽蔑したが、文字どおり発狂して精神病院で首をくくって死んだ。激しい憎悪感、自己顕示欲、権威破壊衝動をもった偏執狂者だった。

また、五・一五事件を指揮した右翼の理論家・大川周明は、軍人たちの精神的支柱であったが、戦後の東京裁判法廷で発狂していることが判明し、精神病院送りとなって死刑を免れている。

つまり、大正リベラリズムは、これら「狂人のたわごと」によって崩壊させられたのである。天皇機関説事件で美濃部に勝ったのは上杉ではなく蓑田である。この事件が生んだものは、上杉学説の復興ですらなく、あまりにもプリミティブ（原初的）で非知性的な世界、神がかりの呪文と雄叫びの世界だったのである。

その呪文の最たるものが「国体」であった。今の人たちは「国体」と聞けば、「国民体育大会」開会式の青空や、明るいマーチの入場行進でもイメージするのだろうが、戦中は「国体」と聞いただけで、みな頭も身体も呪縛されて硬直し、思考停止に陥ったのである。

出光武官は「国体を云々するのは本末を誤る」とうそぶいて、彼らの絶対君主であるはずの天皇をさえ黙らせてしまった。誰の目にも敗戦は明白であり、ポツダム宣言受諾もやむをえないという窮地に陥っていた太平洋戦争末期に、政府首脳たちは、「国体」を護持できるか否かという議論でいたずらに時日を費やしていた。その間にも前線では死闘が続いており、特攻機は毎日出撃し、広島と長崎へは原爆が投下され、ソヴィエト軍が侵攻してきた中国大陸からは、成年男子がことごとくシベリヤに送られて、極寒の地での重労働で塗炭《とたん》の苦しみを味わった。一億玉砕をしてまで守らねばといわれた「国体」とはいったい何だったのか。

長尾龍一教授は『日本憲法思想史』（講談社学術文庫）の冒頭で、明治国家における憲法史・憲法思想史は、「国体」と「憲政」という二つの標語の闘争と妥協の歴史であったと述べ、「憲政」の崩壊と「国体」の勃興過程について分かり易い解説をしている（以下は長尾龍一『日本憲法思想史』一〇〜二〇頁の要約抜粋）。

社会集団というものは、その集団のアイデンティティーを保証し集団の成員が従う信条や信仰を持っているものである。明治国家におけるそれは「国体」であった。

下級武士や下級貴族が中心の明治政府は、上位身分階層に対して自分たちの正統性を承認させるための政治神学が必要であった。中国の儒教では「徳」のある者に「天命」が降る政治神学があるが、日本では儒教は宗教ではなく儒学という教養・倫理にすぎなかったから政治神学とはなりえない。そこで、明治の新政府が採った政治神学は国学である。

元来、国体とは「国の様子」というぐらいの意味で、何ら政治性などなかったが、幕末には、「日本の誇るべき所以」ということになり、攘夷論者たちのモットーとなっていた。蘭学者たちが西洋にかぶれるのは「国体」に反するなどといったのである。つまり、「国体」は他民族・他文明に対する、自己欺瞞的な日本優位の主張のイデオロギーとなった。攘夷論者たちは京都に集まり「尊皇攘夷」を唱えた。その後の明治政府が「攘夷」のスローガンを取り下げたので、国体の内容は「尊皇」だけになったのである。

国学が政治神学として明治政府に採られたきっかけは、かねてから岩倉具視が平田篤胤信奉者だったからである。平田篤胤は本居宣長の国学体系を、神社神道の正統神学の地位にすべく精力的に活動しており、公卿や武士に熱心な信奉者を持っていた。本居宣長の国学とは高天原の神々を宇宙神とし、天照大神（あまてらすおおみかみ）を政治的正統性の根源とする政治神学である。

明治政府はこれを採ることにより、日本国家の権力正統性の源泉は国民ではなく、もっぱら天皇に存することとした。それ故に、「五ヶ条御誓文」は天皇と群臣や国民との間の誓いではなく、天皇が群臣を従えて神明に誓う儀式であったし、帝国憲法発布の儀式も、まず天皇が「皇祖皇宗の神霊」に許可を求め、次に国民の方に向き直って憲法を賦与するという形式を採ったのである。

明治時代の憲法学者・穂積八束は上杉慎吉の師である。美濃部と対立した上杉は師・穂積の学説を祖述していたにすぎない。その穂積八束は、「民法出テテ忠孝亡フ」という有名な一言で、フランス法的な民法草案を流産させ、封建的な家族制度を守ったすこぶるつきの国粋思想家だった。

彼は、この政治神学を、一見整然とした理論のように体系化した。帝国憲法は「天皇主権、君主主義」なり。「天皇即国家」なり。「議会の権力限定は我が憲法の要件」なり……というもので、理論的には混乱しており、政治的にはあまりにも露骨な藩閥政治擁護で、反政党的な学説であったが、明治憲法起草者・井上毅の強力なバックアップによって正統説の地位を得た（なお詳細は長尾龍一「法思想における国体論」『日本国家思想史研究』五～六七頁）。

穂積の同僚・戸水寛人は穂積のことを「老耄《ろうてつ》セル神官」（老いぼれの神主）とまで言って、穂積の学説が非学問的であることを揶揄《やゆ》している。正面きって批判したのは、穂積と同じ齢のドイツ憲法学者有賀長雄（早大）である。彼は、「穂積君、帝国憲法の法理を誤る」と題して、穂積の「天皇即国家」論に対し、天皇は国家機関であって国家そのものではないこと、君主といえども法の下にあり、君主の不法は臣民の超法的抵抗を惹起すると批判した。

この有賀長雄の批判論を、彼らより一世代後の美濃部達吉が体系化した。美濃部は、穂積の憲法講座出身ではなく一木喜徳郎の国法学講座の出身だったから、穂積の学説を批判することができる立場にいたのである。

美濃部は、「国体」というのは国の体制という意味でしかなく、それ自体は内容のない概念にすぎないといい、当時のドイツ国家学の通説を適用して、「主権は国家にある。国家とはいっても具体的には人間が意思決定をする。それを国家の機関といい、天皇は最高機関である」と説いた。これが「天皇機関説」である。しかも、天皇は誤謬《ごびゅう》を冒すことのない神聖不可侵な存在として、「君臨すれども統治せず」という立場でなければならないと説いた。これを「天皇超政論」という。「天皇親政論」の対立概念である。

美濃部憲法学は大正時代には権威ある通説の地位を占め、政府の実務上や官僚採用試験では美濃部説が採られていたが、小・中学校及び軍の学校では天皇親政論が教えられていた。これは、「理性は少数者だけに、大衆には魔術を」（Rationalism for the few,magic for the many）という格言どおりの体制であったということができる。

これを、戦後になってから、思想家・久野収は明治憲法における二重構造と呼んだ。天皇親政論は一般大衆向きの「顕教」であり、政府機関や学者向きの超政論は「密教」というわけである。密教とは少数エリートだけのものであったことを言い得て妙である。この密教の部分が「憲政の大道」として機能していたのが「大正デモクラシー」の時代であったが、軍の圧力やそれに呼応した国民大衆やマスコミによって、顕教が大学や政府、言論界までをも支配するようになって、大正デモクラシーは崩壊したのである。

この憲法体制を滅ぼしたものは、当時の日本人を捉えた領土欲である。まさしく「大正デモクラシー」の成果としての議院内閣制が定着し、普通選挙が実現したその時期に、国民が自ら選んだはずの政党への不信感が爆発的に高まり、議会制度が国民自らの手でともいいうるような仕方で扼殺《やくさつ》されたのである。領土欲満足のためには、軍部独裁の方が手っ取り早いように思えたからであろう（長尾龍一『日本憲法思想史』二二頁）。

当時の「声なき声」の状況は判断困難であるが、「声高な世論」は圧倒的に「大陸積極策」

を支持した。中国の反日運動に対し慎重姿勢をとる幣原外交に対して、「戦えば簡単に勝てるのに、なぜ頭を下げるのか」という反感を抱き、それは満州事変によって立証されたように感じられた。ここに再登場してきたのが「国体」の観念である（同書二三、二四頁）。

彼らが金科玉条とした「国体」は、古式ゆかしい日本古来の伝統などでは毛頭なく、「閉じた精神」の結晶である幕末攘夷論の副産物で、「大東亜共栄圏」の幻想にまで至った日本帝国主義の本質は、放縦な領土欲以上のものではない。このことに疑問をもつ読者には、日本帝国主義の出発点となった下関での清との条約交渉の様子を克明に記録した陸奥宗光の『蹇蹇録《けんけんろく》』の一読を勧める（同書二七九頁）。

第五節　植原悦二郎の屈折

天皇機関説事件やその後に生じた国体明徴運動は、合理主義的な憲政的立場の象徴だった美濃部憲法学を葬った。これは「閉じた精神」による「開かれた精神」の圧殺であり、政党政治は実質上生命を断たれた。翌年の二・二六事件は、天皇機関説事件と国体明徴運動が招いた結果である。

第一節から第四節にわたって天皇機関説事件の意味について詳細に述べたのは、これが日本の政治の大きな転換点になった重大な事件であり、植原悦二郎の従来の主張をことごとく破壊したものだったにもかかわらず、植原がこの事件について何ら関わった形跡がないことを不可解に思うからである。

しかも、国体明徴運動は、「国体」という集団幻想（集合表象 representaition collective）を形成する運動で、まさに、植原の師・ウォーラスが、著書『政治における人間性』で説いた「政治的象徴」の典型的な事例なのだから（五九〜六一頁で説明済み）、植原にはその本質がよく見えていたはずである。それにもかかわらず、植原がこの事件で沈黙を守ったのはなぜなのか。

まず考えられることは、機関説排撃を始めた政友会から発言を封じられていたのではあるまいかということである。彼が副議長という立場に置かれたのは、発言の機会を奪うためであったことは明らかではあるが、政友会の浜田国松が陸軍大臣と過激な「腹切り問答」をやった例もあるくらいだから、発言を封じるほど党の拘束が強かったとも思えない。また、仮に封じられていたとしても、彼にその気があれば書いたり糾弾したりはできたはずだし、そもそもそういう拘束に従わないのが植原の真骨頂でもあった。

テロリズムへの恐怖があったのではないかということも考えられる。あの五・一五事件の時に血まみれの犬養毅をだきかかえた植原である。現実に現場で経験したテロに対する恐怖は、他人には想像できないほど大きかったであろう。しかしながら、後に東条に対してきわめて強い態度に出て、官憲による様々な妨害にも頑として譲らなかったほどの猪突猛進の植原が、テロリズムを恐れて躊躇したとは考えにくい（本書四四〜四八頁参照）。

次に考えられるのは、植原が他の政友会代議士たちと同様に、すでにこの当時には対中国進出論者に変わっていて、美濃部が邪魔だったのではないかという疑念である。植原は、山東出兵や東方会議、張作霖爆殺事件など、対中国強硬政策をとった田中内閣の外務参与官を務め、「東方会議のときにも、私は少しく会議の決議が行き過ぎではないかというような意見を述べたこともあるけれども、当時の大勢に順応した」と述べている（『八十路の憶出』九九頁）。

東方会議とは、田中内閣の外務次官・森恪《つとむ》が中心となって外務行や軍の高官を招集し、一週間もの時間をかけた会議のことであり、会議の決議とは、満州の権益を守るためならば中国との武力対決も辞さないというものである。昭和二年に行われたこの会議の結論は、大正十年頃から続いてきたワシントン条約に基づく国際協調体制からの逸脱であり、軍国主義化へのスタートであったともいえる。この会議の内容が中国側に漏れ、抗日運動の象徴的対象となった。

植原が、かつては「急進的自由主義者」であったこと、「太平洋問題研究会」のメンバーとして活躍したこと、日支事変勃発時に病み上がりの植原が落涙して近衛文麿を罵倒したことなどの事実と、東方会議の「大勢に順応した」ということとは明らかに矛盾する。しかしじつは、植原は、田中義一内閣の外務省参与官だった時に開催された東方会議の期間中、左記のように森恪に謀られて外遊させられている。

田中内閣の成立するとともに、外務大臣は田中総理が兼任、政務次官吉田茂、そうして私に参与官になれということであった。田中総理の外務大臣は名前だけであって、外務の仕事は森恪が中心であった（『八十路の憶出』九八頁）。

田中総理は、森君の無軌道について、これを抑制することさえできない状態であった。省内の人事に関しても吉田事務次官にも発言を与えなかった。重光葵が帰朝したとき森が転出を企てたので、私は強硬に反対した。私はときどき、森君の無軌道ぶりに対しては、遠慮なく抗議を唱えた。森君は、それを喜ばないように思われた。

そうして、私を邪魔者にしたわけでもあるまいが、私に支那視察に行くようにと、申し渡された。……私は支那視察に出かけた。……蔣介石に会見する機会を得た。蔣介石に「天下為公」という額面を書かせた。それは、私の家の玄関に長く掛けられていたが、戦災のため焼失した。漢口においては李宋仁に会見し親しく時局を語ることができた。支那革命に躍っていた有力な多数の人に会うことで得るところは少なくなかった（同書一〇八頁）。

こういう事情が分かってみると、対中国政策の問題等が天皇機関説事件の美濃部に冷淡だった理由だ、と考えるのはいかにも無理である。

最後に残る理由として考えられるのは、ドイツ憲法学者・美濃部達吉に対する、イギリス政治学者植原悦二郎の積年の憤懣であり屈折した想いである。

第四章で説明したように、植原は英米法に詳しい政治学者だった。天皇機関説事件は憲法解釈に関する問題であり、いわば彼の得意中の得意の分野であったにもかかわらず、事件の当時のこと、戦後八十歳をすぎて書いた自伝にも何も触れていないのは極めて不自然と言わざるを得ない。

但し、この自伝は彼の生前には脱稿していなかったので、不足する部分を、かつて長野県の地方誌『信濃往来』に昭和三十年から三十四年にわたって連載していた回顧録から、遺族が転載して補った。その中に、「主権在民論と御用学者の曲学阿世振り」という一文がある。前半では自分の見解が正しかったのだという植原悦二郎の自負を述べ、後半ではそれを黙殺され愚弄されてきたことに対する憤懣を込めて次のように述べている。

明治の憲法に於いて主権が天皇にあると主張し、これを宣伝し、広くこれを国民の間に信ぜしむるようにしたのは、穂積八束博士と上杉慎吉博士らの、いわゆる官僚御用学者と其説を適用せしめていた文官任用試験制度とであった。この帝国憲法のどこを見ても、どこにも「主権」なる言葉は用いられていないのみならず、伊藤公の憲法義解に於いても、ただ一箇所「主権」なる文字が使用されているが、主権が天皇に存するとはどこにも書かれていない。明治憲法に於いて天皇の有する権力は統治権と規定されているが、主権との規定はない。官僚学徒が天皇主権説を唱え、軍人がその権力増強のためにこれを利用したので、憲法学者美濃部達吉博士をして実に無惨な運命を見るに至らしめた。明治憲法に於いても政治哲学上主権在民であると真実の解釈をしていれば美濃部博士は如何に軍人が横暴をしても、あのような惨めな運命に陥るようなことにならなかったであろうと思われる。世に媚びる官僚学徒の誤った憲法解釈が、真実を語る良心的な優秀な学者を惨めに葬り去ったのは、日本の政治学界の最大の汚点の一つであった（『八十路の憶出』二六四〜二六五頁）。

事情を知らぬ者がこの文を読めば、植原が、美濃部達吉に肩入れし同情して、穂積八束と上杉慎吉を批判しているように受けとれるであろう。しかしながら、これは植原悦二郎独特の皮肉であり、屈折した表現であると解釈すべきである。

彼は、イギリスから帰国した翌々年に「憲法上の謬想・上杉、美濃部、市村博士の論争批評」という論文を発表した（『東洋時論』第三巻八月号。大正元年八月）。上杉、美濃部、市村、三名の憲法学の論争について、植原の憲法解釈にてらしてみれば、どれも間違いを冒していると指摘したのである。

余は六月及七月発刊の『太陽』誌上に於て、美濃部、上杉、市村三博士の憲法に関する議論を非常の興味を以て読んだ。……皇室、国家、国政、国民を想ふの切なるもの、三博士の忠君愛国の念慮に於て、柳か軽重あらうとは思はれない。併し、最も公平なる眼孔を以て批判すれば、其真意心情は兎《と》まれ角まれ、上杉博士の口吻は、学者の態度は勿論、紳士の態度をも失して居ると言はねばならぬ。且つ誣妄《ふもう》の言を弄し美濃部博士を中傷せんとする形跡ある様に考えられる事実もある。而して博士自身と均しく憲法の明文を解釈せざるものは、皇室及国家に忠勤なる学者でないかのやうに論じて居る点は、真に皇室及国家を想う赤心の発情よりは、寧ろ私心私情の迸出《へいしゅつ》したものでないかと疑われる。（中略）

そこで余をして最も公平に且つ忌憚《きたん》なく言はしむれば、三博士の憲法に関する解釈は、何れも五十歩百歩であると思ふ。凡《およ》そ成文憲法は三つの異なりたる解釈法に由りて解釈せられ得るものである。第一、憲法を単に其明文字句の直接意義にのみ依りて解釈すること。

第二、憲法を其明文字句の意義より超越して其明文語義以外の点まで追窮して哲学的に解釈すること。第三、憲法を専ら運用的方面より解釈すること。

余は三博士とも明確に此三つの解釈法を理解して居らぬと思ふ。其結果、三博士の我帝国憲法の解釈は極めて不明確で意義が徹底して居らない。であるから往々誤解を招くのは当然だ。畢竟《ひっきょう》、美濃部、上杉両博士の論争は、第一、第二の解釈を混同して居るに起因するものである。上杉博士は単に憲法の明文字句の意義に依りて之を解釈せんとし、努めて事実を無視し、全く運用方面を度外視し、国家及主権に関する事実に根拠を有する哲学的解釈をも拒絶しやうとして居る。加之《しかのみならず》、国家、主権、統治権等なる文字が代表して居る実体を正確に理解して居らぬやうだ。而して美濃部博士は憲法の第一法と第二法の解釈の区別を明かに了解して居らぬやうに思はれる。縦し、実際之を了解して居るとしても、其説明は不的確である。之が上杉博士の誤解を惹起した理由である。(以下略)(『東洋時論』前掲号二一～二三頁)。

植原は冒頭でこのように述べたあと、その理由を詳しく説明しているが、それに対して、上杉はもとより美濃部からも何の応答もなかった。上杉に対しては大正五年に再度批判しているが、それも無視された(「上杉博士の憲法論を評す」『国家及国家学』大正五年四月号)。

つまり、美濃部は「主権在民であると真実の解釈をして」はいなかったのであるから、植原のいう「世に媚びる官僚学徒の誤った憲法解釈」をしていたのは、穂積や上杉だけでなく美濃部も含まれるのである。

植原は、「明治憲法に於いても政治哲学上、主権在民であると真実の解釈をしていれば、美濃部博士はあのような惨めな運命に陥ることはなかった」と述べているが、それをもっと詳しく説明すれば次のようなことである。

植原は、単に国民主権論ばかりでなく、それから導かれる象徴天皇論、責任内閣論、元老制度及び枢密院制度違憲論、軍部大臣現役武官制違憲論などの主張を、すでに一九一二（明治四十五）年に『立憲代議政体論』で発表しており、その翌年には、前掲の「憲法上の謬想―上杉・美濃部・市村博士の論争批評―」を発表し、さらに一九一四（大正三）年には「憲政発達の九大障害」（『第三帝国』大正三年十月号）で詳細に述べている。しかしながら、それらは美濃部らからはことごとく無視された。

それのみならず、大正五年には吉野作造の民本主義を批評したが（本書第六章第二節に既述）、吉野作造は、植原に対して、「駄駄《だだ》っ児《こ》が駄々を捏《こ》ねるような調子で」「極めて不真面目なる答弁」をした。植原は「吉野氏は余の議論に就いて更にその論点に触るることなく、間違った議論であると云ふやうな口調で、論理もなく、考証もなく、答弁されて居る。是は学者として紳士として少しく過ったる途ではなかろうか」と憤っている（「吉野氏の憲法論と民本主義」『日本及日本人』大正五年五月号。再掲『植原悦二郎と日本国憲法』七八頁）。植原は吉野に愚弄された。

学問レベルでは息の根を止められていたかにみえた上杉の天皇主権論が蘇って美濃部を陥れた天皇機関説事件は、一九三五（昭和十）年である。この時はすでに遅かった。すでに軍と右翼が実権を握っていたからである。翌年には二・二六事件が起こっている。そうなる前の大正期の間に、植原の主張に美濃部が少しでも耳を傾け加担さえしていれば、軍や右翼が台頭することはできず、天皇の権威が彼らに悪用されることもなく、時代は別の方向に進んだはずだ、というのが植原の想いなのである。

天皇機関説事件に対する植原の冷ややかな対応は、植原を無視した美濃部や、愚弄した吉野に対する積年の憤懣と敵愾心《てきがいしん》によるものであり、彼の気持ちを代弁すれば、「だから言わんことではない。植原説を無視した美濃部は自ら墓穴を掘った。今さら遅すぎる」というものであろう。

植原は、八十歳を過ぎてからその当時の切歯扼腕の想いを振り返りながら、「真実を語る良心的な優秀な学者を惨めに葬り去ったのは、日本の政治学界の最大の汚点の一つであった」と書いているが、葬り去られた学者というのは、他ならぬ植原自身のことである。そう書いて無意識に自らを慰撫している表現とみるべきであろう。

「官僚学徒」、とりわけ美濃部達吉に対する植原の積年の屈折は、本人が自覚していた以上に彼の言動を左右しているものと考えられる。彼は大正六年に衆議院議員になったが、それは、日本の学界から無視され続けたあげく、吉野作造に「極めて不真面目なる答弁」で愚弄された一年後のことである。

彼は政界入りした理由を、「犬養翁の言によって、学窓において青年を指導するよりは、街頭に立って有権者を政治的に覚醒させることが議会政治建設の近道であろう、と考えた」と述べているが（『八十路の憶出』三五頁）、ロンドンで修学中に読んだであろうバジョットの次の一節が脳裏をかすめなかったとはいえぬであろう。

人間は、議員になることによって、他の方法によるよりもはるかに高い地位を得ることができる。古い時代のある政治家がこういっている。「自分は書物を書いた。誰も認めてはくれなかった。今度は演説を試みた。やはり同じ結果であった。私は議員になった。はじめて私は知名の人物になった」（辻清明「バジョット」『世界の名著』七二巻二三頁）

幸か不幸か、バジョットは選挙に敗れたので議員にはなれなかった。もし議員になっていれば選挙民への同調がもたらす内容の低俗化によって、彼の著書『イギリス憲政論』は古典の名著どころかころか選挙向けの政治文書になりさがっていたかもしれない、と辻清明はいっている（辻清明・前掲書二四頁）。

植原が政界入りした後に書いた『ロイド・ジョージと犬養毅』（大正六年八月発行）は、あきらかに犬養毅を擁護するために書かれた、まさに選挙向けの政治文書であった。犬養をロイド・ジョージと等価のごとくに賞賛した内容は、当時、発表と同時に厳しい批判にさらされている（宮本盛太郎『日本人のイギリス観』「本人のイギリス観」一六五頁）。大正八年に発刊した『デモクラシーと日本の改造』は、当時の政治的状況を勘案すればかなり革新的な内容であるが、著者の肩書きが「衆議院議員」であることによって、党派的な政治文書扱いにされてしまっている。

その後の植原は、学術レベルの論説は書いていない。政治学者としての植原の生命は大正六年の政界入りをもって終わったのである。

ところで、アメリカ政府が占領軍向けに作成した『Guide to Japan（日本案内）』には、「明治憲法プロシャの専制政治を父に、イギリスの議会政治を母にもち、薩摩と長州を助産婦として産み落とされた両性具有の生き物である」と書かれているという。美濃部達吉の憲法学説が、「頭脳はドイツ国法学、心臓はイギリス憲政論」だといわれたのも故なきことではない。「明治憲法がプロイセン・モデルでも、漸進的に、やがてはイギリス・モデルになるという見方が（制定）当時はあった」と指摘する法学者（長尾龍一）や、「慣習憲法（不成文憲法）を成文化すれば、明治憲法に近いものになるのではないか」という歴史学者（坂野潤治）もいる（長尾龍一他編『憲法史の面白さ』一四四頁）。

したがって、植原が明治憲法を一方のイギリス憲政論の立場にたって解釈したのも、何ら奇異なことではない。自由主義の気運が高まり、議会制民主主義が緒につきはじめていた大正期こそ、植原的憲法解釈を敷衍《ふえん》させる絶好の機会だったのである。美濃部は、植原の憲法解釈を愚弄していたのか、あるいはまた、植原のような憲法論を披瀝《ひれき》する「勇気」がなかったのか……。

植原が明治末年から大正初期にかけて主張した憲法解釈論は、我が国の憲法学史上の重要な事件のはずであるが、憲法学史では触れられていないのが残念である。植原が政界入りしてしまって学問生命を断ってしまったのがその主な理由ではあろうが、植原の美濃部批判が、憲法解釈論の段階に止まっており、法の認識論という学問にまで深められていないこともその一因であろう。

天皇機関説（国家主権説）は、「独逸国民の思想に於て君主主義と民主主義の両様の潮流があって戦ふて居るから之を調和せんとするもの」と穂積八束はいい、ドイツの国法学者（カール・シュミット）でさえ、「君主機関説は、憲法制定権力の主体の問題を回避する方法である」

と断じているという（長尾龍一「美濃部達吉の法哲学」『日本憲法思想史』一五五頁）。すなわち、美濃部の憲法学説は一般に信じられているほどには確固たる理論構成がされていたというわけではない。しかも、無自覚的な Wortspielerei（言葉の戯れ）や misleading（誤導）もみられるという（長尾前掲書一八七〜一八八頁）。

植原が政界入りなどせず、ドイツ国法学についても通暁した上で、法の認識論、法哲学の側面から美濃部説に迫り、自分の憲法学説を深め発展させていたならばと、かえすがえすも惜しまれる。

註　美濃部の法哲学について論述したものとしては、長尾龍一「美濃部達吉の法哲学」一九六八年、家永三郎「美濃部達吉の思想史的研究」一九六四年などが著名であるが、いずれも戦後のもので、美濃部と同時代のものはない。

コラム⑦

日本国憲法の源泉—植原悦二郎の政治学

評論家の立花隆氏が、最近発刊された原秀成著『日本国憲法制定の系譜』(日本評論社)を紹介し、植原悦二郎のことを高く評価している(『週刊文春』6月2日号「私の読書室」)。

「日本ではすっかり忘れ去られている植原悦二郎という大正デモクラシー期の政治学者を掘り出して、アメリカ側の日本国憲法初期起草者たちが、彼の著書から基本的な発想を得ていたことを証明した。新憲法は、アメリカの押し付けというより、大正デモクラシーの嫡子《ちゃくし》であったことが証明されたわけだ」。

立花氏は、憲法問題について書いたりTV番組で語ったりしているので、憲法制定史に関する書物は数多く読んだが、この本には感心させられたという。

「これだけ浩瀚《こうかん》な本は他にない。アメリカ公文書館の資料がぎっしり詰まっていて、これまでに出た憲法制定史とは、記述の水準、論議の水準がまるで違う。憲法制定史はこの本を抜きには語れなくなった」。

原秀成氏はアメリカ公文書館に眠っていた国務省の資料でアメリカの日本研究者たちの足跡を辿って、『日本国憲法制定の系譜』を著した。冒頭に植原悦二郎に関する記述が三〇頁もある。大要は次のとおり。

「ロンドン大学の留学生・植原の博士論文『日本政治の発展』（英文）が一九一〇年にイギリスで出版された。この本は日本では知られていないが、英米の日本研究者たちにとっては日本理解の為の基本書だった」。

「アメリカ国務省は戦中に早くも日本の敗戦を見越して周到な占領政策を立案していた。憲法の骨子を起案したスタッフは、イギリス人外交官サンソムから日本の政治体制の問題点を学んだが、じつはこれは、植原政治学の受け売りだった」。

つまり、日本国憲法の源泉は植原悦二郎の政治学である。

ところで、原秀成氏は、「植原が当時の日本でこの本を出版していたら朝憲紊乱《ちょうけんびんらん》とされかねない内容である」と述べているが、じつは、植原は帰国後ただちに朝憲紊乱的（？）な政治学書『立憲代議政体論』や雑誌論文を数多く著している。

早くからこれらの憲法史上の意義に注目していた長尾龍一先生（元東大教授）のお世話で、この度、信山社の日本憲法史叢書『植原悦二郎集』として纏められ復刻出版された。知る人ぞ知る鬼才・長尾龍一教授（法哲学・法思想史）による植原伝と学問的評価も掲載されている。

図らずも、この『植原悦二郎集』発刊が、植原を高く評価した原秀成氏の著作の発刊と重なったので、時宜を得た有意義な出版となった。大損を承知の上で出版してくれた学術専門書出版の信山社に深く感謝する。

蛇足ながら、小生が同書の編集と解説を担当させていただく機縁となった、拙著『清沢洌と植原悦二郎—戦前日本の外交批評と憲法論議—』は、一般読者向けに著した論評である。併せてお読みいただければ有り難い。

（『市民タイムス』平成17年7月18日掲載）

第二編　憲法学者宮澤俊義教授の足跡

はじめに

宮澤俊義教授は、東大の憲法学教授として、戦後の憲法学界をリードし、多くの弟子を育てたから、誰もが知っている高名な先生で尊敬されていた。

だから、戦後の日本国憲法制定のために、先頭にたって活躍したと思っている人がいるかもしれないが、じつは、彼は委員会発足時の初回に出席しただけで、次からは欠席していたのである。ご息女遠藤敦子さんによれば、家族には「委員といっても名前だけだよ」と言って欠席していた。

幣原首相は、憲法問題調査会の座長に、商法学者（というよりは政治家）松本烝治を充てたが、彼は明治憲法の字句を変えるだけでよいと思っていた。首相は松本烝治の政治的調停力に期待したのだろうが、明治憲法しか知らない松本は、一人よがりで明治憲法の字句を訂正しただけだった。

結局、新憲法の原案はＧＨＱのスタッフが九日間で書いた。じつは、その詳細な原案はアメリカからの指示書（swincc228）に記載されていた（なんと、その基は明治四十五年に植原悦二郎が書いたものである！）。戦後三〇年間その存在は公開されなかったので、それ以前に書かれた憲法制定史は間違いが多い。「A案を松本烝治が書き、B案を宮澤教授が書いた」という出鱈目はその典型的な例である。

この類いの出鱈目によって、宮澤教授は変節漢だのアメリカの走狗だのと、いわれなき非難や中傷を受け続けてきた。最初から宮澤教授に任せておけば、GHQ並の案はできただろうに……。

本章は宮澤教授の戦中の受難と韜晦《とうかい》、戦後の業績について詳細に記述したものである。

第一節　生い立ち

「日本国憲法」の権威ある教科書や注釈書を著して、戦後日本の憲法学界をリードした宮澤俊義教授は、一八八九（明治十二）年に長野市で生まれた。

父親の宮澤高義は南安曇郡高家《たきべ》村（現安曇野市）の出身である。安曇野は日本アルプスの連峰がひときわ美しく映える地域で、田植えの終わった広い田圃の水鏡に冠雪のアルプス連峰が逆さに映る風景は、たとえようもなく美しい。点在する屋敷森に固まれた農家はそれぞれ風格ある造りの屋敷で、そこに暮らす人々の気風は概して穏やかでおおらかである。戦時中、宮澤夫人と娘一人は、そういう本家に疎開して、高家小学校に通学していたこともあり、長女の遠藤敦子さん（元ＮＨＫアナウンサー）は二〇一七年、筆者がお会いした時に、当時の風景や楽しかった通学友達のことを懐かしそうに語って下さった。

母親郁子（旧姓原）の出身地は上伊那郡赤穂村（現駒ヶ根市）で、ここは中央アルプスの主峰がひときわ映えて見える豊かな地帯である。農村ながら進取の気風に満ちた地域で、今では活気ある商工業地帯となっている。彼女は当時の田舎には希有《けう》な東京女子高等師範学校（御茶の水女子大学の前身）の卒業生で、長野で長野高等女学校（長野西高校の前身）の教師をしていた。

当時の長野高女の校長渡辺敏は、福島二本松藩の藩校教授を務めていた上級士族で、人格識見共に高い人物ながら、戊辰戦争の敵方だった明治政府が重用する筈もなく、長野県の学校の招きに応じて小学校長を務めた。その後徐々に昇進して、長野高女の校長になった。そもそも、長野県の高女は渡辺が創ったものだし、商業学校、工業学校、障害児学校なども渡辺の働きによってできたものである。

彼は実弟の浅岡一《はじめ》を長野師範学校長として招聘し、師範学校への有能な人材を招致して、師範学校の教育を高い精神主義で推し進めた。浅岡は全県の教員が加入している大組織「信濃教育会」の初代会長も務め、明治期の長野県教育を先導した。つまり、長野県の教育は二本松藩の二人によって基盤を固めることができたのである（長野師範学校の後身・信大教育学部の構内に浅岡一の立派な頌徳碑がある)。

俊義の母郁子は、商業学校の英語教師をしていた渡辺敏の子息・渡辺信夫《しのぶ》に俊義の英語の指導を依頼した。高等師範英語科卒業生の青年と、小学生の俊義とはウマが合ったのか、英語だけではなく、川での水泳や釣り、素潜りの魚とり、泊まりがけの野尻湖水泳や谷浜での海水浴、その他諸々、人生観まで教えてもらった。想像するに、その人生観とは英文学者ワーズワースやソロー的なものであろう。

宮澤俊義は晩年近くの思い出話に書いている。「信夫先生は、ぼくに研究者の道を教えてくれた人である。ぼくが政治家や実業家の名誉や富貴をただただ軽蔑すべきものとする珍野苦沙弥的迷信の信者になりはてたのは、信夫先生の影響が大きい」……諧謔《かいぎゃく》を装っての宮澤の衒《てら》いというものであろう。

第二節　助手・助教授時代

宮澤俊義は、長野師範学校附属小学校を卒業の後、旧制長野中学校へ進み、その後、府立四中(現戸山高校)に編入、第一高校、東京帝大法学部政治学科へと進み、一九二三(大正十二)年に卒業した。卒業した年に法学部助手に任用され、助手時代は地味で堅実な論考を発表していた。

一九一五年、助教授となり、モンテスキューの大作『法の精神』を翻訳し、上梓した。彼は数カ国語を自由自在に使いこなしたが、中でもフランス語が一番得意で好きでもあった。その理由は、フランス語がいちばん論旨明快な言葉だからという。言葉だけでなく生き方もフランス的で、人間関係も野暮なことを嫌ったという。

宮澤俊義の文体と人柄

宮澤の文章には自ずとそれが顕れている。学者の文章は、ともすれば難しい。やさしいことでも難しく書くのが学者の職業病である。それとは違って、宮澤の文章は明快そのものでとても分かりやすい。そのことを、山内一夫教授（学習院大）は次のように書いている。


宮澤先生の文章は、簡潔かつ明快であり、それ故に力強い。一言でいえば、極めて洗練されているのである。先生の文章について目につく特色の一つは、いわば、欧文的発想を取り入れていることであろう。欧文的発想を取り入れた宮澤流名文、……これは、当時まことに清新な香気を持っており、多くの人々に影響を与えた。

先生の文章が洗練されているのは、むろん先生の人柄自体が洗練されているからである。

先生は、まことに洗練を絵にかいたような人物である。先生が洗練されてみえるのは、先生が強烈でたしかな美意識の持ち主だったからであろうと私は思っている。先生は生前、自分の美意識の何たるかを直接語るという野暮なことはしなかったが、先生の美意識がどういうものであるかは、先生の公法学と同様に、私には興味のあることである（『ジュリスト』No.634 一九二頁）。

また、言語学に詳しい法哲学者・碧海純一教授（東大）は次のように書いている。

敗戦後、宮澤は、多くの同僚と並んで、誰よりも、敗戦前におけるみずからの先見の明と、戦前・戦中・戦後を通しての学問的態度の首尾一貫性を世に対して誇りうべき資格を具えていた。それにもかかわらず、彼の戦後の著作には、そうした自己顕示とか客気、気負いなどいうものがほとんど感じられず、いつも、淡々とした語り口で、戦前・戦中の自己の理論をさらに一層平明な表現によって展開している。

ここに、宮澤の洗練された人柄のもつ都会的な傾きや照れ性が滲みでており、それだけに、一見さらりと書かれた文章のなかに、千鈞《せんきん》の重みのある発言が見いだされるのである（『ジュリスト』No.634 六一頁）。

助教授時代の功績

宮澤が助教授時代に発表した論文の数々は、当時の我が国の憲法学界の水準をはるかに超えていたし、他の者と比べても格段に優れていた。長尾龍一教授によれば、宮澤憲法学の意義や特質は、戦後の日本国憲法下における華々しい活躍以上に、この時期の目立たない単行論文の中に見いだされるという（長尾龍一『日本憲法思想史』二二七〜二三〇頁）。

宮澤は一九二五年の「法律学における科学と技術」以来、法学の性格や方法について鋭い分析を加えてきたが、宮澤憲法学の独自性は何よりもその法学性格論にある。

一九三四年の論文「国民代表の概念」は、法律学と一般的によばれているものについて、「本質的に実践的な性格をもつ」法の解釈の技術と、「法の認識」に従事する「法の科学」との峻別を説き、両者の混淆《こんこう》から「人間の主観的な希望・欲求が客観的な科学理論の仮面を着けたイデオロギーが生ずる」という。

そこで、「真理にのみ仕える科学」は「イデオロギー的性格をもつ諸概念のイデオロギー的性格を指摘し、その現実との不一致を暴露することを任務とする」となし、ヒットラーをドイツ国民の代表となす如きナチ公法学の理論のイデオロギー性を指摘する。

天皇機関説事件直後の一九三六年の論文、「法律学における『学説』」も、法学における「学説」には「実践的意欲の作用」たる「法の解釈論的な学説と「法の理論的認識に関する」「理論的学説」との区別の必要を述べ、前者の対立が立法者や裁判官によって「公定」されるのは当然であるが、後者の対立は天動説・地動説の対立と同じ性格をもつものであり、その当否はひとえに客観的な真理に適合するかによって定められるべきことであり、けっして「権威」によって決定されうることではない。天動説が公定されても、太陽が動き出すわけではない。理論的学説が政治から独立であるべきことは当然である。彼のこういう論拠はケルゼンの「純粋法学」の理論である。

海外留学とその後の問題意識

助教授時代の宮澤は、一九三〇～一九三二（昭和五～七）年、フランス、ドイツ、アメリカに留学した。彼は犬養首相暗殺による政党内閣の終焉と、ドイツにおけるナチス政権の成立を深く憂慮していた。帰朝後の宮澤は、このことはナチスのみならず日本の問題でもあるという論説をたて続けに発表した。

・「議会制のたそがれ」昭和八年一月（『帝国大学新聞』）
・「民主制より独裁制へ」昭和八年九月（『中央公論』）

・「独裁制理論の民主的扮装」昭和九年二月（『中央公論』）
・「独裁的政治形態の本質」昭和九年十一月（『中央公論』）
・「議会制の凋落」昭和十一年二月（『中央公論』）

これらの論説は当時の政府や政治家への警句として書かれたのであろうから、そういう気配が現れていそうなものだが、それが全くない。碧海教授の言われるように、淡々とした語り口で、自己顕示とか客気、気負いが感じられない。

後年、宮澤はこれらの論説を集約して、『転回期の政治』として発刊したが、その「はしがき」に、こう書いた。「政治はいま、ひとつの歴史的な転回期に立っているといわれる。そういういわば危機的な時代の政治の科学的な分析を試みようというのがこの書の目的である。したがって、政治改革の実際的な方策はここでは扱われていない。je nimpose rein, je ne propose rien, jexpose（私は何も押しつけない。何も提案しない。私はただ解き明かす）。これがこの書の指導精神である。かような態度はあるいはあまりにも非実践的だと考えられるかもしれない。しかし、すべての実践が科学的な知識に立脚すべきものである以上、また自然を征服するためにまず自然現象を科学的に理解することが必要であると同じように、社会改革を考究するためにはまず社会現象を科学的に理解することが必要である」。

宮澤のこの考えは、公法学の泰斗ハンス・ケルゼンの「純粋法学」に拠っている。彼は戦前におけるケルゼンのよき理解者であり、実践者であった。そのケルゼンは、ナチスドイツに逐われてアメリカに亡命した。ケルゼン賛美者の宮澤もまもなく迫害を受けることになった。

第三節　受難と忍従

昭和九年、宮澤俊義は美濃部達吉の定年退職にともなって、東京帝国大学憲法講座を承継した。とはいっても、宮澤は美濃部の天皇機関説を承継したというわけではない。開講に際して、彼は次のように述べた。「オーギュスト・コントは、『歴史は神学的段階から形而上学段階を経て実証主義的段階に移行する』と言った。日本憲法学史において、穂積八束の体系は神学的段階、美濃部達吉の体系は形而上学的段階に相当する。これからいよいよ（宮澤による）実証的段階が発足するのである」と宣言した。ケルゼン的メスさばきをしてゆくという決意の表明である。学生は期待し、諧謔を交えた名講義は大好評で、大教室がいっぱいになった。

ところが、その翌年、天皇機関説事件が起こり、宮澤は美濃部の弟子だから政治的陰謀に巻き込まれた。文相が「あと問題になるのは宮澤教授一人だ」と答弁したりして、彼は美濃部の次のターゲットにされてしまった。助教授時代に発表していたケルゼン的論文は恰好の攻撃対象になった。

その上、宮澤は、美濃部が国会でやった演説「一身上の弁明」についての論評を新聞の論壇時評に寄せた。「この噛んで含めるような博士の説明を聞いて、なお博士の説が国体に反するものの如く言う者があれば、それは度しがたき無知の徒である……」と書いた。宮澤の家には脅迫状が何通も配達された。

彼は法学部長末広厳太郎から忠告された。「もし君の身に問題が及ぶようになった場合には、他の同僚に迷惑をかけぬよう注意すること……」。じつは、末広自身も蓑田に名指しで攻撃されていた。彼は三年前に蓑田の策謀によって分裂させられた京都帝大法学部の轍《てつ》を踏まぬように、挑発に乗らず慎重に対処していたのである。宮澤は「事態がそこまで行くのを避けるようにするのが賢明だと考え、そのため、事情の許す限り小さくなっていようと決意した」。彼は後年、そのことの是非について悩んだが、狂気に知性は対抗できない。殉教は宗教家にとっては名誉だろうが、一般社会人にとっては、犬死でしかない。戦後の東大法学部の活躍を可能にした賢明な処世だった。それにつけても、宮澤が直面した、天皇機関説事件と二・二六事件という狂気の沙汰について説明せねばならない。

事件の元凶・蓑田胸喜

慶応大学教授・蓑田胸喜《みのだむねき》は、他人の学説の言葉じりをとらえて故意に曲解し、貶《おとし》めることを得意とする学匪だった。京大の滝川事件を仕立てて京大法学部を瓦解させ、天皇機関説事件を仕立てて美濃部の政党政治擁護学説を葬った。ロンドン条約を締結した浜口雄幸首相が襲撃された時には、小躍りして喜び、校舎中を駆け回った。慶応の学生たちは、彼の名前・蓑田胸喜をもじって「蓑田胸喜《きようき》、狂気の乱舞」と落書きして軽蔑したが、文字どおり発狂して精神病院で首をくくって死んだ。激しい憎悪感、自己顕示欲、権威破壊衝動をもった偏執狂者だった。

つまり、大正リベラリズムは、「狂人のたわごと」「狂人の雄叫び」によって崩壊させられたのである。天皇機関説事件で美濃部に勝ったのは、上杉ではなく蓑田である。この事件が生んだものは、上杉学説の復興ですらなく、あまりにもプリミティブ（原初的）で非知性的な世界、神がかりの呪文と雄叫びの世界だったのである（西田税、大川周明らの右翼団体・猶存社の機関誌名は、なんと『雄叫び』だった）。

天皇機関説事件

天皇機関説事件というのは、単なる学説上の争いではない。それまでは権威ある憲法学説として認められていた美濃部達吉の天皇機関説が、国会の場で批判されて政治的に葬られた事件である。それまで官許正統学説として扱われていた美濃部の学説は、議会政治の正当性を保証していたから、これが葬られた時点で、日本の議会政治はその命脈を絶ち切られた。日本はその後、急速に軍国主義化し、軍に対する政治統制が効かなくなって全世界を相手に戦争をし、惨めな敗戦にまで至ったのである。

憲法学者美濃部達吉と上杉慎吉は、かねてから明治憲法の解釈をめぐって対立し、激しい論争をしていた。この論争は、学問上のこととしてすでに美濃部側が一方的な勝利をおさめた形で終わっていた。それが、一九三五（昭和十）年になってから唐突に衆議院予算委員会に、ついで貴族院に持ち出された。衆議院予算委員会で質問したのは政友会の江藤源九郎である。続いて貴族院でも菊池武夫が口火を切った（二人とも退役軍人で、士官学校では上杉慎吉に憲法学を学んだ）。

彼らは、天皇が機関であるなどという美濃部の学説は、国体をないがしろにする邪説であるが、これを支持するのか、しないのか、と文部大臣と首相に対して迫った。この質問が、美濃部追い落としのために周到に準備された戦略的なものであることに気づかなかった政府側は、何ら対応すべき原則をもって臨まなかったから、質問者の意のままに翻弄され後退していった。

自分の学説を反逆、謀反、学匪と罵倒され、「機関」の意味を勝手に歪曲された美濃部は、これに対する反撃演説を貴族院本会議場で一時間にわたって行った。この時の議席も傍聴席も満員で、聞いた者はみな感動を覚えた。当の菊池さえ、「ただ今うけたまわった如き内容であれば、何も私がとりあげて問題にするにはあたらぬやうに思ふ」といった。菊池は美濃部の学説など何ら理解しておらず、狂信的な右翼蓑田胸喜の受け売りによって質問していたのである。

この演説は全部の新聞がとりあげ、中には全文を掲載した新聞もあった。最初、新聞の論調は美濃部側の正当性を認めたものだった。これがかえって右翼や軍人たちを刺激した。彼らは、天皇＝機関＝機械、天皇＝機械とはけしからんという論法で、機関説の反価値化と国民的反感を煽った。新聞も順次これに追随した。日本の新聞はこのような場合には大衆に迎合するのが常である。戦前・戦中の新聞が対中国武力弾圧と対米戦意を煽ったことは周知の事実だが、美濃部事件に際しても同様であった。言論思想史の専門家・掛川トミ子教授（津田塾大）は次のように述べている。

新聞は大衆の熱狂を鎮静させるよりは、多数の読者の聞に存在している共通の欲求・感覚をより強く刺激する方向を選び、それによって興奮させられる大衆心理に新聞が追随する、という循環作用が行われ、相互の熱狂ムードと増幅作用がそこから生じ、新聞と大衆との間に心理的な同盟関係が成立したのである。

つまり、この過程が日本の「大衆新聞」成立の心理的背景であり、言論機関から心情の大衆化機関への転換を示すものである。日本の新聞の情報操作の特徴的な傾向は、情報に質的制約を加えたうえで量的には多量の情報を流すところにみられる。日本におけるファナティズム（熱狂・狂信）とこのような情報操作とは不可分な関係にあると考えられる。
このような新聞を基盤として、大衆の熱狂的ムードが国体明徴の国民的世論として造成され、日本社会に充満したことが、美濃部を孤立無援の姿で立たせたのである。……（中略）……

このときの知的社会・言論界の総沈黙は、暴力（テロリズム）への恐怖もあったが、同時に、知性は反知性とは論争できぬことを知っていたからである（掛川トミ子「天皇機関説事件」橋川文三・松本三之介編『近代日本政治思想史Ⅱ』所収三四九頁）。

美濃部の学説はこのようにして抹殺され、それ以後、社会全体から合理的な判断は失われていった。元来、「国体」とは「くにがら」という意味でしかない。英語ではconstituitonであり、それは「国の構成」、つまり「憲法」という意味でもある。価値観をふくまぬはずのこの言葉が、この事件を契機にして日本特有の情念と価値観をもった呪文に変身し、思想・言論の弾圧取り締まりに魔術的な力を発揮するようになった。

国体思想

その呪文の最たるものが「国体」である。今の人たちは「国体」と聞けば、「国民体育大会」

開会式の青空や、明るいマーチの入場行進でもイメージするのだろうが、戦中は「国体」と聞いただけで、みな頭も身体も呪縛されて硬直し、思考停止に陥ったのである。

誰の目にも敗戦は明白であり、ポツダム宣言受諾もやむをえないという窮地に陥っていた太平洋戦争末期に、政府首脳たちは、「国体」を護持できるか否かという議論でいたずらに時日を費やしていた。

その間にも前線では死闘が続いており、特攻機は毎日出撃し、広島と長崎へは原爆が投下され、ソヴィエト軍が侵攻してきた中国大陸からは、成年男子がことごとくシベリヤに送られて、極寒の地での重労働で塗炭の苦しみを味わった。

そもそも、「国体」とはいったい何だったのか。

長尾龍一教授は『日本憲法思想史』（講談社学術文庫）の冒頭で、明治国家における憲法史・憲法思想史は、「国体」と「憲政」という一つの標語の闘争と妥協の歴史であったと述べ、「憲政」の崩壊と「国体」の勃興過程について分かり易い解説をしている（以下は長尾龍一『日本憲法思想史』一〇〜一二六頁の要約抜粋）。

社会集団というものは、その集団のアイデンティティーを保証し、集団の成員が従う信条や信仰を持っているものである。明治国家におけるそれは「国体」であった。

下級武士や下級貴族が中心の明治政府は、上位身分階層に対して自分たちの正統性を承認させるための政治神学が必要であった。中国の儒教では「徳」のある者に「天命」が降るという政治神学があるが、日本では儒教は宗教ではなく儒学という教養・倫理にすぎなかったから政治神学とはなりえない。そこで、明治の新政府が採った政治神学が国学である。

元来、国体とは「国の様子」というぐらいの意味で、何ら政治性などなかったが、幕末には、「日本の誇るべき所以《ゆえん》」ということになり、攘夷論者たちのモットーとなっていた。西洋にかぶれた者たちの所業は「国体」に反するなどといったのである。つまり、「国体」は他民族や他文明に対する、自己欺瞞的な日本優位の主張のイデオロギーとなった。攘夷論者たちは京都に巣くって「尊皇攘夷」を唱えていた。その後の明治政府が「攘夷」のスローガンを取り下げたので、国体の内容は「尊皇」だけになったのである。

国学が政治神学として明治政府に採られたきっかけは、かねてから岩倉具視《ともみ》が平田篤胤《あつたね》の信奉者だったからである。平田篤胤は本居宣長《もとおりのりなが》の国学体系を、神社神道の正統神学の地位にすべく精力的に活動しており、公卿や武士に熱心な信奉者を持っていた。本居宣長の国学とは、高天原の神々を宇宙神とし、天照大神を政治的正統性の根源とする政治神学である。

明治政府はこれを採ることにより、日本国家の権力正統性の源泉は国民ではなく、もっぱら天皇に存することとした。それ故に、「五ヶ条御誓文」は天皇と群臣や国民との間の誓いではなく、天皇が群臣を従えて神明に誓う儀式であったし、帝国憲法発布の儀式も、まず天皇が「皇祖皇宗の神霊」に許可を求め、次に国民の方に向き直って憲法を賦与するという形式を採ったのである。

明治時代の憲法学者・穂積八束《やつか》は上杉慎吉の師である。美濃部と対立した上杉は、師・穂積の学説を祖述していたにすぎない。その穂積八束は、「民法出テテ忠孝亡フ」という有名な一言で、フランス法的な民法草案を流産させ、封建的な家族制度を守ったすこぶるつきの国粋思想家だった。

彼は、この政治神学を、一見整然とした理論のように体系化した。帝国憲法は「天皇主権、君主主義」なり。「天皇即国家」なり。「議会の権力限定は我が憲法の要件」なりというもので、理論的には混乱しており、政治的にはあまりにも露骨な藩閥政治擁護で、反政党的な学説であったが、明治憲法起草者・井上毅《こわし》の強力なバックアップによって正統説の地位を得た（詳細は長尾龍一「法思想における国体論」『日本国家思想史研究』五〜六七頁）。

穂積の同僚・戸水寛人《とみずひろんど》は穂積のことを「老耄《ろうてつ》セル神宮」（老いぼれの神）とまで言って、穂積の学説が非学問的であることを揶揄している。正面きって批判したのは、穂積と同じ齢のドイツ憲法学者有賀長雄（早大）である。彼は、「穂積君帝国憲法の法理を誤る」と題して、穂積の「天皇即国家」論に対し、天皇は国家機関であって国家そのものではないこと、君主といえども法の下にあり、君主の不法は臣民の超法的抵抗を惹起する、と批判した。

この有賀長雄の批判論を、彼等より一世代後の美濃部達吉が体系化した。美濃部は、穂積の憲法講座出身ではなく、一木喜徳郎の国法学講座の出身だったから、穂積の学説を遠慮なく批判することができたのである。

美濃部は、「国体」というのは国の体制という意味でしかなく、それ自体は内容のない概念にすぎないといい、当時のドイツ国家学の通説を適用して、「主権は国家にある。国家とはいっても具体的には人間が意思決定をする。それを国家の機関といい、天皇は最高機関である」と説いた。これが「天皇機関説」である。しかも、天皇は誤謬を冒すことのない神聖不可侵な存在として、「君臨すれども統治せず」という立場でなければならないと説いた。これを「天皇超政論」という。「天皇親政論」の対立概念である。

美濃部憲法学は、大正時代には権威ある通説の地位を占め、政府の実務上や官僚採用試験では美濃部説が採られていたが、小・中学校及び軍の学校では天皇親政論が教えられていた。これは、「理性は少数者だけに、大衆には魔術を」(Rationalism for the many)という格言どおりの体制である。

　これを、戦後になってから、思想家・久野収は明治憲法における二重構造と呼んだ。天皇親政論は一般大衆向きの「顕教《けんきょう》」であり、政府機関や学者向きの超政論は「密教」というわけである。密教とは少数エリートだけのものであったことを言い得て妙である。この密教の部分が「憲政の大道」として機能していたのが「大正デモクラシー」の時代だったのに、軍の圧力やそれに呼応した国民大衆やマスコミによって、顕教が大学や政府、言論界までをも支配するようになって、大正デモクラシーは崩壊したのである。

失敗した軍事クーデター二・二六事件

　昭和十一年二月二十六日、東京では三〇年ぶりの大雪が降った。午前五時頃、第一師団の一部青年将校らが新兵千四百余名と雪道を駆けて左記に分散し、襲撃した。

岡田首相官邸　（人違いのため未遂）　牧野内大臣宿舎　（不在にて未遂）
鈴木侍従長官邸　侍従長重傷　斎藤内大臣私邸　内大臣即死
高橋大蔵大臣私邸　大蔵大臣重傷　渡辺教育総監私邸　教育総監即死

　天皇はこの事件をいち早く知った。侍従長鈴木貫太郎の妻たか夫人が電話で天皇に知らせたからである。たか夫人は、東京女子師範付属幼稚園の教師をしているとき、東京帝国大学総長・菊池大麓に推薦されて、昭和天皇が四歳の時から十四歳になるまで養育掛を勤めた。一〇年間の役目を終えた後、海軍少将・鈴木貫太郎のもとに嫁いだ。こういう経緯があったから、昭和天皇は、侍従長や総理時代の鈴木に、「たかは、どうしておる」、「たかのことは母のように思っている」と語っていたという。

鈴木に銃弾が四発打ち込まれた。兵隊たちは「とどめ、とどめ」と大きな声で言った。夫人が「とどめだけは、どうか待って下さい」と哀願したところ、安藤大尉がそれを聞いて「とどめは残酷だからよせ」と言った。そして、「奥さんですか」「そうです。何ごとがあってこんなことをするのですか」と聞くと、大尉は「陛下の考えていることと我々躍進日本を志す若い者たちとの意見の相違です」と言って、倒れた貫太郎に一礼して去っていった。駆けつけた医者が、大量の血で滑った。

宮中では天皇が侍従武官長・本庄繁に「反乱軍を鎮定せよ」と十数回も命令したが、本庄は何もしない。じつは、本庄は反乱軍の青年将校・山口一太郎の岳父だった。つまり、反乱軍の仲間だった。この日の天皇とのやりとりを詳細に記録した『本庄日記』は、仲間へのいいわけ証文のようなものである。

「この日拝謁の折り、彼ら行動部隊の将校の行為は、陛下の軍隊を、勝手に動かせしものにして、統帥権を犯すの甚だしきものにして、もとより許すべからざるものなるも、その精神に至りては、君国を思うに出でたるものにして、必ずしも咎《とが》むべきにあらずと申し述ぶる所ありしに、『朕が股肱《ここう》の老臣を殺戮《さつりく》す、此のごとき凶暴の将校ら、その精神に於いても何の恕《ゆる》すべきにありや』と仰せられ、又ある時は、『朕が最も信頼せる老臣を悉《ことごと》く倒すは、真綿にて朕が首を絞むるに等しき行為なり』、と漏らさるる。……なお又、この日陛下には陸軍当局の、行動部隊に対する鎮圧の手段実施の進捗せざるに焦慮あらせられ、武官長に対し、『朕自ら近衛師団を率い、此れの鎮定に当たらん』と仰せられ、真に恐懼《きょうく》に耐えざるものあり」

本庄はようやく天皇の憤りを仲間に伝えた。天皇の明白な意思を知って将官たちは醒めて態度を変えた。

この事件は不可解なことが多すぎる。陸軍首脳が蓋をしたからである。封印されていた事実の証拠が戦後になってから現れた。軍事裁判の主任検事を務めた法務官・匂坂《さきさか》春平による検事調書には、陸軍高官の真崎甚三郎大将をはじめ、山下奉文、香椎浩平らがこの叛乱を支持し煽っていた事実や、偽の大臣告示があらかじめ作られていたなどが記されていた（『検察秘録二・二六事件　匂坂資料』角川書店）。

青年将校らは、この叛乱を「昭和維新」と称していたが、実質は政権奪取に失敗した軍事クーデターだったのである。

このとき、陸軍の教育総監・渡辺錠太郎は、至近距離から機関銃弾を四一発も浴び、肉が飛び散って骨が現れたという。陰に隠れてそれを見ていた幼い娘和子は、修道女になって祈りの生涯をおくった。渡辺がどうしてこういう憎しみのこもった扱いをされたかというと、真崎甚三郎の地位だった陸軍教育総監の後釜に渡辺が据えられたということと、その渡辺が天皇機関説を公然と支持していたからである。

つまり、二・二六事件は前年の天皇機関説事件の後編だったのである。青年将校たちによる叛乱事件という外見とは別に、その奥に軍首脳による陰謀が隠されていた。主席検事・匂坂春平はその首魁《しゆかい》が誰であるかを確かめるべく、検事調書を作成しようとした時、陸軍大臣から中止命令が出た。指揮権の発動である。真崎は無罪放免となり、その翌日、軍は国民の関心をそらすかのように、中国に攻め入った。世間の関心は真崎や香椎から日中戦争に移った。ほどなくして匂坂検察官は満州に左遷された。

二・二六事件は、軍事クーデターとしては失敗だったが、言論の内容によっては殺されることもあるということを知らしめた。この事件以後、国民の大多数は軍のやることを公然とは批判しなくなった。

それだけでなく、新聞はじめ世論は、軍の独断による中国侵略に喝采を贈るようになった。そして、日本は日中戦争の泥沼にはまり込んだ。

国会で、「日本は、いったい、何のために中国と戦争をやっておるのか。いつになったら終わるのか」と質問した斎藤隆夫は、議会によって除名されてしまった。議会はみずから権能を喪失したのである。

中国蔑視と泥沼の日中戦争

司馬遼太郎は「日清・日露の戦争は祖国防衛戦争でした。明治の政治家は賢明で立派でしたが、昭和の政治家や軍人は愚かで、日本と隣国に災禍をもたらしました」と言った。これを司馬史観というが、中国側には認めがたい史観だろう。中国のいう「歴史認識の問題」の元をただせば日清戦争なのだから。

日清戦争後の講和会議（下関条約）に臨んだ外相・陸奥《むつ》宗光《むねみつ》は、清国の李鴻章《リーフンチャン》にいきなり苛酷な休戦条件をつきつけた。

①台湾その他の領土をよこせ。

②賠償金を一億テール払え。

これを聞いた李鴻章は顔面蒼白になって抗議した。

「①日本側のいう今回の戦争の目的は、朝鮮の独立ということだったではないか。清国は既に朝鮮の独立を認めているのに、なぜ、清国の領土を奪うのか。

②今回の戦争は清国が仕掛けたものではない。清国は被害者なのに、なぜ、清国が賠償金を払わねばならぬのか。

こんなやり方は日清両国の将来にとってよくない。日本国に対する怨みが生じ、久遠《くおん》の仇敵《きゅうてき》になってしまうだろう」

こう忠言する李鴻章に向かって、陸奥宗光は、「我々は勝者だ。お前は敗者ではないか。つべこべ言うなら北京まで侵攻するぞ」と脅かした（陸奥宗光『蹇蹇録《けんけんろく》』岩波文庫）。

日本人は、遣唐使を派遣するなど、平伏してきた太古の昔からの中国崇拝が、日清戦争でいっぺんに払拭できて、逆に蔑視するようになったのである。中国を舐《な》めた支配欲と領土欲となって、その後の対中外交は日本のやりたい放題になった。

やがて、中国には「久遠の仇敵」に対する強力なナショナリズムが育ったというのに、日本は相変わらずの中国蔑視で「中国はちょっと叩けばすぐ参る」とばかりに、日中戦争を起こし、終わりなき泥沼に陥った。日米戦争の惨劇も、その根源は日本の中国認識の誤りからなのである。

戦時中の著作『憲法略説』の時代背景

宮澤は、一九四一年に『憲法略説』を発刊した。彼の最初にして最後の明治憲法用教科書である。

当時の社会状況を知ってか知らずか、この著作の冒頭一～三条の記述を取り上げて、鬼の首を取ったかのように、宮澤は転向したのだと言いつのる若い歴史学者?がいる。

美濃部の著作が販売禁止処分され、天皇機関説論者が機関銃で殺された時代である。残る宮澤は最大の標的だった。彼は一条～三条を右翼の主張どおりに記述して、難を逃れていたにすぎない。

彼は講義でこのテキストを使いながら、「一条から三条までは申すまでもありません」と言ってとばしていたというのは有名な話である。「一九四三年十月に東京帝大法学部に入学し、翌四十四年にかけて宮澤先生の『憲法』の講義を熱心に聴いた一学生として、かれの醒めた、科学的な態度が、戦時中も失われなかったことを証言できる」とは、後の東大教授・碧海純一（法哲学）の言である。

この著作は、学徒出陣で修学期間が短くなってしまった（戦死するかもしれない）学生のために、宮沢が精魂込めて凝縮したものであろう。そのことを口にしたり書いたりしないのは、宮澤俊義流の品性であり、真骨頂というものである。

第四節　明治憲法の致命的欠陥

数年前、某党の改憲案を作るとて前文案を募ったところ、某女性議員が自作案を読み始めた……。

「恵みあふれる大八洲《おおやしま》、豊葦原瑞穂《とよあしはらみずほ》の国に……」（桝添要一『憲法改正のオモテとウラ』講談社現代新書二七四頁）。この議員は明治憲法に憧れを抱いているらしいが、その明治憲法には国家の法律として大きな欠陥があって、かつての日本はその欠陥の故に暴走を引き起こし、そして、日本に有史以来初めての惨禍と惨めな敗戦をもたらした、という厳然たる事実を知らないらしい。

明治憲法第五十五条

意外に思うかもしれないが、明治憲法下における内閣総理大臣の地位は、今とは比較にならぬほど不安定で弱いものであった。首相の上には、元老がおり、枢密院があった。元老は選挙結果に関係なく思いのままに首相の首をすげ替えたし、軍部大臣の指名と軍事は首相の管轄外のこととされており、軍の専横を抑制することは不可能であった。

これらはみな明治憲法第五十五条に起因している。「国務各大臣ハ天皇ヲ輔弼《ほひつ》シ其ノ責ニ任ス」という第五十五条一項の規定は、一見したところ各大臣の責任についてだけ述べているようにみえる。ところがじつは、この規定は天皇の地位、内閣の責任、議会の権限などにも関係する規定で、戦前戦中の政治の混迷と軍部の台頭の原因はすべてここにあったといってよい。

第五十五条の規定を文字どおりに解釈すれば、それぞれの大臣たちが個々に天皇を補弼し責任を負えばよいのだから、各大臣は総理大臣の指揮に従わなくとも構わない。すると、例えばの話、一方では陸軍大臣が戦争を企画し、他方では外務大臣が反対に平和条約を結ぼうという場合には、どちらにするかを総理大臣ではなく、天皇が決定せねばならぬことになる。すなわち、天皇が直接統治する政治体制となる。

このように天皇が実際政治にかかわれば、結果についての責めは天皇にくる。憲法第一条の神聖不可侵という存在ではなくなる。しかも、憲法第四条には「憲法ノ条規ニ依リ」統治する立憲君主であると規定されているから、専制君主のように振る舞うことはできない。

このように、明治憲法の天皇の政治的権限はどっちつかずの中途半端なものであった。この矛盾した憲法を機能させていたのが元老集団である。伊藤、山県、松方、井上たち元老の合議によって、統一的な意志決定がなされていたのであり、これは憲法起草者が最初から意図したことだった。

起草者井上毅は、イギリス的な議員内閣制よりもプロイセン流の超然内閣の方が国情に合っていると判断した。当時の政府と議会とが国際的生存競争の渦中にある日本の地位を確保することなぞ考えもせず、「徒《いたずら》に小局の争に汲々として、大局の何物たるかを忘れ」ている状態だったので、その方が政治の安定を維持できて国益にかなうと判断したのである。起草にあたった井上毅は明治二年の枢密院における憲法草案審議の場で、第五十五条の立法趣旨を次のように説明している。

英国においては内閣を以《もっ》て一団体と看做《みな》し、恰《あたか》も一個人と資格を同じうし、各個分任して責任せず、一体として責任す。……我憲法は英制を採らず。……天皇の主権は議院に譲らず、内閣に与えず、天皇自らこれを統理す。……各大臣は天皇に対して各々その守る所を尽す（稲田正次『明治憲法成立史』下巻七〇七頁）。

天皇の主権（じつは元老による統治）は議院にも内閣にも譲ってはならない。総理大臣に権力を集中させれば天皇の大権（じつは元老の政治指導力）をも侵しかねない。これを防ぐために各大臣の権力を分散させねばならぬ……。憲法第五十五条の規定はそういう目的のために設けられたのである。

ところが、時代を経るにしたがって、起草者たちの予想をはるかにこえて現実の日本社会の方が急速に近代化してきた。大正デモクラシー時代には、実質上の衆議院の優位、議員内閣制、男子普通選挙などが実現して、西欧型の立憲君主制がほぼ実現していたのである。

元老たちが健在の間は、この矛盾した憲法の下でも国家意志を統一することができた。政党の指導者が、原敬のように強力な政治手腕がある場合にも同様だった。しかし、有力な元老たちがみなこの世を去ると、もともと、権力を分散する意図で設けられた第五十五条が災いした。議会を基盤とした強力な指導者が登場することを恐れた防止策（第五十五条）のために、核心となるべき指導者がいなくなり、国家としての意志統一をすることが極めて難しくなっていったのである。

一人生き残った元老西園寺公望は、政策の具体には関与せずに首相の指名をするだけになった。首相は、西園寺の「好みの人物」というだけで、権威もなく、国民の支持という基盤も持つてはいないから、軍は恐れることはない。政府のやり方が軍の意向に沿わない場合には、「軍大臣は現役軍人でなければならない」という官制を悪用して、大臣を上程せず内閣を簡単に崩壊させた。昭和期になると政府は軍を抑えられず、軍内部でさえ、陸軍省は参謀本部を、参謀本部は現地派遣軍を抑えられないという下克上状態に陥ってしまった。

　昭和初期から終戦までの政府は、機能不全というに等しい権力の分散下におかれた弱い存在だったのである。天皇が立憲国の君主として憲法を遵守しようとすればするほど、明治憲法は政治的な作用をしなかった。天皇による二・二六事件の鎮圧と終戦の詔勅は、なんと、天皇の憲法違反によってなされたのであった。

　つまり、藩閥政治のために創られた明治憲法は、昭和初期にはすでに「耐用年数」がつきかけていたのだといってもよい。明治憲法の本家ドイツでは、日本が模範としたプロイセン憲法の下でのウィルヘルム二世の「素人政治」（天皇親政に相当する）の帝国主義時代は崩壊し、第一次世界大戦、敗戦、ワイマール憲法時代、ヒトラーとめまぐるしく変遷している（高坂邦彦『清沢洌と植原悦二郎』二三〇～二四〇頁）。

　ところが、日本では社会の変貌にもかかわらず、明治憲法は「不磨の大典」「聖典」として扱われていたから改正などは思いもよらない。だから、次のような困った事態が生じた。

「昭和十年代は、天皇機関説事件、泥沼の日中戦争、対米戦争、そして敗戦と、史上空前の危機の時代であった。こういう時期こそ国民は強力な指導者のもとに団結しているべきで、その頃ドイツはヒトラー、ソ連はスターリン、そして米国はルーズベルトと、各々強力な指導者の一貫した指導のもとにあった。これに対し日本は、昭和十一年から二十年までの一〇年間に、岡田・広田・林・近衛・平沼・阿部・米内・近衛（第二次）・近衛（第三次）・東条・小磯・鈴木・東久邇・幣原と、猫の目のように内閣が交替した。敗戦の決定さえ内閣が行うことができず、長崎の原爆、ソ連参戦の日の夜の御前会議で、ポツダム宣言の受諾論と反対論が三対三に分かれた時、鈴木総理大臣が自ら決断せず、それを天皇に委ねたのは周知の通りである。

天皇が戦争を終結できたのなら、戦争開始も阻止しえたはずで、現に旧憲法第十一条は「天皇ハ戦ヲ宣シ和ヲ講シ及ビ諸般ノ条約ヲ締結ス」と定めている。そうであるとすれば、内閣は変わっても、天皇による一貫した政治指導が行われたはずである。だが、天皇自身の戦後の回想によると、開戦は内閣が決定したもので、自分は立憲君主としてそれを裁可する他なかったが、終戦は内閣が自分に決定を委ねたので、自らの意見に従って決断したのだという。つまり、敗戦までは、政治的決定は猫の目のように変わる内閣に委ねられていたのである。

日本のヒトラーといわれ、首相・陸相・参謀総長の要職を兼ね、絶対権力者であったように思われている東条英機は、戦後の巣鴨の獄中で、同じく獄中に在った重光葵元外相に、敗戦の原因について、「根本は不統制が原因である。一国の運命を預かるべき総理大臣が、軍の統制に関与する権限の無いような国柄で、戦争に勝つわけがない。……自分がミッドウェーの敗戦を知らされたのは一ヶ月以上経ってからで、その詳細については遂に知らされなかった」と語ったという。

要するに、明治憲法下の内閣総理大臣は、国政を掌握しえず、閣内に反対者が現れると内閣をなげださなければならなかった。内閣総理大臣も憲法上は「国務各大臣」の一人に過ぎず、他の閣僚の反対を押し切って政策を実行する権限を持たなかったのである」（長尾龍一『歴史重箱隅つつき』八九〜九〇頁）。

軍部大臣現役武官制

司馬遼太郎は、明治憲法の魔法の杖は統帥権だった、と言ったり書いたりしていたが、それは間違いで、正確にいえば、魔法の杖は、軍部大臣現役武官制という規定であった。

この規定は憲法の条文ではなく、憲法とは別に、明治十一年に山県有朋が創った陸軍官制・海軍官制で、現役の軍人でなければ陸軍大臣・海軍大臣になれないという規定である。内閣のやることが軍の意に沿わなければ、軍が陸軍大臣なり海軍大臣なりを引退させれば、内閣はただちに崩壊し国政は推進できなくなる。この規定によって、軍は自分たちの立場を主張し政治に深く介入して国政を支配することができた。つまり、政府は軍の言いなりにならざるを得ない。政府（内閣）が軍の独断専行による中国侵攻を阻止できなかったのはそのためである。

この規定は、憲法の条文ではないのに憲法を殺したのである。

第五節　新憲法制定の経緯

ポツダム宣言

新憲法は「押しつけ憲法」だという言い方をする人もいるが、たとえ押しつけられたとしても、押しつけた側が悪いとばかりは言えない。日本の学者たちが、当時の国際状況と、敗戦で日本がおかれた立場も知らぬげに、あまりにも的外れな対応をしていたからである。

日本を徹底的に叩いて無条件降伏させようとしていたルーズベルトが突然死した。沖縄や硫黄島での米軍の死傷者が甚大で、米軍首脳は「これ以上の戦闘はご免だ」とばかりに本土決戦を躊躇した。ソ連はヒトラーを滅ぼしたので、軍を東方に移動させていた。日本では、東条英樹が下ろされて鈴木貫太郎が首相になったので、日本通の国務次官グルーは、日本は停戦を望んでいるとみた。

亡くなったルーズベルトが、ソ連に日本への攻撃を頼んであったので、グルーはソ連が介入する前に日本を終戦に誘い込もうという意図をもって勧告書を書いた。彼は、鈴木首相が戦争継続論者を抑えられるように細心の注意を払い、

①日本が宣言を受諾しても主権を喪失することはない。
②無条件降伏をするのは軍隊であって日本国家ではない。
③民主的傾向の復活強化は日本政府の責任である。
④日本国民の自由に表明せる意思に従って、平和的傾向を有し責任ある政府が樹立されれば占領軍は撤退する。

など、かなり低姿勢な内容であった。

ところが、日本はこれに「黙殺する」と応えた。その結果、広島に新兵器・原爆を投下された。

これで、日本は降伏せざるを得なくなったが、枢密院議長の平沼騏一郎が、ポツダム宣言には国体のことが何も書いてないが、国体はどうなるか確かめるべきだと主張したので、問い合わせている間に、今度は長崎に原爆が投下された。

ポツダム宣言が発せられた時点でグルー国務次官は退任していたので、バーンズ国務長官が応えた。

「日本国天皇と政府は、連合国最高司令官に従属する subject to」という身も蓋もないものだった。平沼の提言により藪蛇質問が、グルーの提案を無視した「無条件降伏」を招いてしまったことになる。

外務省はこれを「連合国最高司令官の制限の下におかれる」と意図的に誤訳した。正しくは連合国の司令官に「従属する」という意味なのにである。

今日、ポツダム宣言について語る論者で、実質無条件降伏というバーンズ回答のことを知らない人がいる。無理もない。当時の立派な大人でさえ、自覚できていない人ばかりだった。官房長官だった楢橋渡が書いている。

「マッカーサーは着任早々、男女平等、婦人参政権、農地解放、政治思想犯の赦免を命じたが、枢密院の顧問官たちが婦人参政権法案に猛烈に反対していて、提案者の楢橋を議場に呼べということだった。

枢密顧問官というのは、みな大臣、官僚として功なり名を遂げたお偉方である。私は担当大臣が困っているという報せを受け、直ちに皇居の中にある枢密院に駆けつけ、ドアをパッと開けて乗り込んだ。

痩身鶴の如き平沼議長はチラリと底光りのする眼で私を見た。顧問官も一斉にこの異様な男を苦々しい顔をして眺めていた。

腹の中では、中学にも行けず小学校しか出ない、しかも炭鉱夫から成り上がったこの型破りの男は、敗戦が生んだ不愉快な存在と思っているかもしれない。私は彼らの眼差しをみてコツンと来た。手を後ろに組み大喝一声した。枢密顧問官諸君は婦人参政権法案に挙げて反対しているようだが、あなた方は、平沼議長をはじめ皆戦争犯罪人ではないか!と一発喰らわした。

平沼議長以下唖然となり、顔色がみるみる内に怒りに変わった。私は言葉をついだ。男はことごとく戦争の責任者だ。相手国の力も計らず、自己の力も知らず、やたらに戦線を広げて遂にパンクして、一千年の歴史を泥土に帰せしめたのは、政治上の発言権を持った男性の世界の失敗ではないか。

然らば今回の戦争によって一番苦しんだ者は誰であるか。それは老いたる母親であり若き妻である。這えば立て、立てば歩めと、千辛万苦して愛育した子供が青年に達すると赤紙一枚を以て、大陸の荒野に、南海の孤島に、母や妻を偲びつつ、チリ、アクタの知く死んでいった。

平沼議長、あなたが男から生まれたとは聞いていない。あなたのお母さんの偉大な愛情が平沼兄弟の今日の地位を築かしめている。……

男性は今回の戦争で全部失敗した落第坊主である。敗戦後の日本をたくましく立て直すには、人口の半分を占める女性に選挙権を与え、彼女らのもつ、平和への精神、愛の精神を注入することが必要なのである。

枢密顧問官諸君に一言警告する。貴殿の座っている椅子は、日本の敗戦、マッカーサーの進駐によって既に転覆しているのである。それに気づかず旧い制度を守り、呑気にしているのは、時局を見る目を失った惰性である。マッカーサー司令部が貴殿等を戦争犯罪人として牢獄にぶち込む準備をしていることを私は知っている、と結んだ。

平沼議長以下、色を失い、すぐ婦人参政権法案を承認して、自分らの運命の危機について懇談を求めた。その後、平沼氏は戦犯として逮捕され投獄されて枢密院は解体した」（楢橋渡『激流に棹さして』七三頁）

念のために付記すると、楢橋渡は無学者ではない。炭鉱夫をして学資を貯め、独学で司法試験に受かり、弁護士稼業の後に、フランスに渡って名門リヨン大学を卒業し、ソルボンヌでも学んだスケールの大きな教養人である。よい意味でのフランス精神が彼の平衡感覚の基板で、幣原内閣の法制局長官、及び官房長官として、新生日本のために貢献した。

当時は、占領軍のことを進駐軍と言い換え、敗戦を終戦と言い換えた。戦時中は敗走を転進といい、絶望の果ての集団自殺を玉砕と言い換えた。事態を直視して現実的に対処をしなければならないという時に、その問題に正対して対処することを回避し、言葉の言い換えをして深刻な事態を隠蔽したのである。

戦後の憲法改正に際しての当事者たちも、まさにそれと同様な修辞学的な対処の仕方だった。詭弁を弄することはやめて、ポツダム宣言を受諾したことにより、国体は、天皇主権、国家主権から、国民主権に変わったことを冷静に受け止め、国民に周知させるべきなのである。

蛇足ながら、例えば信教の自由に関するGHQ草案は、「Freedom of religion shall be guaranteed」と書かれている。これだと、「主権者たる国民が政府に信教自由の保障を命ずる」という意味である。

ところが日本国憲法二十条では、「信教の自由は保障する」と書かれていて、誰が保障するのかが明確ではない。「政府への命令」という意味も消え失せている。これは、法に関する日米の文化の違いであり、文章表現に関する文化の違いでもある。

イリノイ大学の言語学教授キョウコ・イノウエが、新憲法の審議にあたった帝国議会の議事録にもとづいてこの点を吟味し、当時の議員たちの意識や思想を検討した著作『マッカーサーの日本国憲法』（桐原書店）は示唆に富む。

ところで、日本国憲法を押しつけだとはいうが、日本人がいま享受している、主権在民も、社会福祉制度も、男女平等も、人権保障のための新しい警察制度や刑事裁判手続きも、農地改革も、地方自治も、ことごとくアメリカの押しつけである。それを国民は歓迎したのである。これだけのことは当時の日本人だけでは到底できなかったであろう。

テレビ・ディレクター鈴木昭典氏は、五百旗頭真教授（神戸大）の監修の下に元ＧＨＱの担当者たちへの長時間の取材をして、一九九三年に「日本国憲法を生んだ密室の九日間」というテレビドキュメンタリーを作った。番組編集後の彼は、「あの時期に、日本人のすべての頭脳を結集したとしても、あれだけの憲法が生まれたとは到底思えない」と率直な感想を述べている（鈴木昭典『日本国憲法を生んだ密室の九日間』三四〇頁）。

第六節　憲法改正案に対する宮澤俊義の国会質疑

一九四六（昭和二十一）年六月、宮澤俊義は貴族院議員に任命された。新憲法が成立すれば貴族院は消滅するから、最後の貴族院議員である。宮澤を終始無視し続けてきた松本烝治に正面から対峙できる立場になったわけで、これは事の次第をよく分かっていた官房長官・楢橋渡による配慮であろう。一九四六年八月二十六日、憲法草案が貴族院に上程されたとき、宮澤俊義は、議員として金森流の曖昧模糊とした答弁に対する詰問をして正確な意味を確定させたのである。

思えば、師の美濃部達吉の憲法学説は、この貴族院議場での出鱈目な言いがかりによって封殺された。それは宮澤の学的生涯にとっても多大な困難と損失をもたらした。同じ議場だから、つのる想いも多々あっただろうが、彼はきわめて冷静に論理的に質している。以下はその速記録である。

宮澤俊義　ただ今の憲法改正が、はたして日本の政治の民主化に役立つかどうかという点については、いろいろな意見がございますが、私はさきほどからの沢田（牛麿）議員がおっしゃったところとは違い、むしろ、大体において、ただ今板倉（卓造）議員がおっしゃったところと同様に、これは日本の政治の民主化の道における重要な一歩前進であると考えております。しかし、その憲法案が非常に完全なものだと考えるのではありません。そこには不明朗な規定や、不適当な規定が少なからず存するのでありまして、それらが然るべく修正せられることを希望する者でありますが、それにもかかわらず、全体として、この改正案が成立することを心から祈っております。そういう立場から、この憲法改正案に関する原理的な問題の若干について、きわめて簡単に、箇条的に、おたずね申し上げたいとおもいます。

質疑の第一点は、ポツダム宣言の受諾ということは、国民主権主義の承認を意味するとおもうがどうであろうか、ということであります。ポツダム宣言の第一二項には、ご承知のとおり、日本国民の自由に表明せられた意思にしたがって、平和的傾向を有し、云々、という言葉がございます。さらに、昨年（一九四五年）八月十一日のわが国の降伏申入れに対する連合国の回答には、最終的な日本の統治の形態は、ポツダム宣言にしたがって日本国国民の自由に表明せられた意思によって決定さるべきものであるといわれております。国家の統治形態が、その国民の自由に表明せられた意思によって決定さるべきものであるとする建前は、すなわち、いわゆる国民主権主義にほかならないのであります。したがって、ポツダム宣言の受諾ということは、国民主権主義の承認ということを意味するのであるとおもうのでありますが、いかがでありましょうか。これが第一点であります。

次に、第二点。この国民主権主義は、終戦までのわが憲法の根本建前と原理的に異なるものであるとおもうがどうか、という点であります。

終戦以前のわが憲法の根本建前は、わが国の統治の形態が、「いわゆる天壌無窮の神勅によって、すなわち、神の意思によって決定されるという建前であったと思います。神勅によって、それにもとづき、万世一系の皇統に出でさせ給う天皇が、現人神として日本に君臨し給うというのが、その根本の建前であったとおもいます。この建前をどういう名前で呼ぶかは問題でありますが、それはともかくと致しまして、この建前は、天皇が国民の意思にもとづいて君臨し給うというものでなかったということは明白であろうと思います。したがって、それは、国民主権主義とは原理的にまったく異なるものであった、異なる建前であったということは、疑いないと思います。もちろん、この建前にもとづく統治の形態、すなわち、天皇統治制は、多くの場合、国民の支持を得ていたことでありますし、また御歴代の天皇はつねに国民の意思を何よりも尊重し給うたことでありますが、しかし、それにもかかわらず、そこでは国家の統治の形態が、あくまで、神意にもとづくものとせられたのであります。少なくとも、国家の統治の根拠は、決して国民の意思に存するとはせられなかったのであります。政府はわが国が終戦以前から国民主権主義をその根本的建前としているというふうに説いておられるようでありますが、それは理論的にいって、何としても無理ではないかとおもいます。皇祖皇宗の遺訓を明徴にするために制定せられ、皇祖皇宗の後裔に貽し給える統治の洪範を紹述したものといわれております明治憲法のどこに国民主権主義を見いだすことができるでありましょうか。もしこれを国民主権主義というならば、どのような国家も、いやしくもそれが多少でも継続的生命を有するかぎり、すべて国民主権主義であるといわなくてはならなくなりますし、それでは君主主権主義と国民主権主義との原理的な区別はまったく意味を失ってしまう。その結果として、この憲法改正案が国民主権主義を唱えること自体が、まったく無意味になってしまうのであります。わが国が終戦以前から国民主権主義を認めていたと説くことは、かように理論的にみて誤りであるとおもいますが、あるいは、実際的見地から見ては、そう説くことがなんらかの効用を持つという考えもあるかも知れません。しかし、日本の政治がここに建国以来の生れ変わりを断行しようという時に、その根本建前が以前と少しも変わらないと説くことこそ、現在日本が行いつつある根本的な変革に対する正しい認識を妨げることになり、真の民主政治の実行という目的からみて、実際的にかえって不適当ではないかと考えるのでありますが、いかがでありましょうか。

次に、第三点。新憲法草案は、右に述べたような国民主権主義を採用しているとおもうがどうか、という点であります。これは憲法の前文その他からいって、きわめて明瞭であるとおもうのであります。前文および第一条の字句について、衆議院で多少の修正が行われました。私はこの修正が絶対に必要なものであったとは必ずしも考えないのでありますが、ただ、一部には、政府原案のような表現は、必ずしも、単純な国民主権主義を意味せず、多かれ少なかれ、それとは違ったものを意味するという見解が行われ、現にこの憲法改正案の定める国民主権主義は君民共治主義であるとか、さらにそれは必ずしも天皇主権主義と根本的に違うものでないという見解までみとめられたくらいでありますす以上、そういう誤解乃至は曲解の生ずる余地を防ぐためには、この修正は適当であったといえようとおもいます。しかし、いずれにせよ、憲法改正案が国民主権主義を採用していることは、この修正の有無にかかわらず、明白であり、また、それはポツダム宣言受諾によって、最終的統治形態が、自由に表明せられた人民の意思によって定まるとする原理を承認した日本の憲法改正案としては、当然の態度であるとおもうのでありますが、いかがでありましょうか。

次に第四点。主権者たる国民の中に天皇が含まれるという説明は、理論的にも実際的にも、不適当ということであります。政府は、ただ今も金森国務大臣がおっしゃいましたように、主権は国民にある、国民の中には天皇が含まれると説明していらっしゃいます。しかし、天皇の地位が主権の存する国民の総意にもとづくとせられるのに、その国民の中に天皇が含まれると説くことに、どういう根拠があり、また、意味があるのでしょうか。天皇の地位にいらっしゃる個人が、個人として日本民族の一人であられ、したがって、日本人であられ、日本国民の中に含まれるということとは、あまりに当然でありまして、特にことわる理由のないこととおもいます。問題は、憲法上の制度としての天皇でありますそうして、制度としての天皇は、明白に、主権の存する国民の総意にもとづいて存するのであります。国民が主権を有するということは、国家が主権を有するということとはちがいます。国家の内部において君主または貴族が主権を有するのではないということを意味するのであります。国民主権を承認しながら、その国民の中に天皇が含まれると説くことは、そう説くことの心持、あるいは感情、単純な国民主権といい切るに忍びないというようなお気持ちは十分理解しうるところでありますが、それは天皇の地位そのものが主権の存する国民の総意にもとづくという根本原理を曖昧ならしめる恐れがあるばかりでなく、さらに政府が表に国民主権主義を唱えながら、裏から昔ながらの天皇主権主義を忍びこませようとしているなどと誤解せられ、痛くない腹をさぐられる可能性がありはしないかとおもいます。したがって、この説明は、理論的にも実際的にも、妥当でないのではないかとおもうのでありますが、いかがでありましょうか。

次に、第五点であります。国民主権主義の承認を核心とする新憲法は、国体にどういう影響を与えるかということであります。この点は、ただ今板倉議員から詳細にお尋ねがありましたが、私もやや違った角度から、簡単にお伺いしたいとおもいます。国民主権主義を核心とする新憲法が国体にどういう影響をおよぼしたかということは、衆議院で大いに議論せられたところであります。金森国務大臣は、ただ今この壇でおっしゃったような意味に国体という言葉を理解せられ、その意味の国体は、この憲法改正によって、少しも変わっていないと説明しておられます。この説明は、先ほどの板倉議員のお言葉どおりに、私も賛成致します。しかし、ここで私が問題といたしますのは、そういう意味の国体ではなくて、従来わが国法上、国体とせられてきたものが変わったかどうかということであります。国体という言葉が学者によってどう用いられて来たか、あるいはそれは正しくはむしろ政体として呼ばれるべきではなかったかというような問題は、しばらく別といたします。ここでは成文法により、あるいは政府により、公式に、公に用いられた国体の概念を問題といたします。国体という言葉が成文法に現れましたのは、おそらく治安維持法が最初でありましょう。ところで、治安維持法にいわゆる国体とは何を意味するかについて、ちょうど今朝ほどの朝日新聞に出ておりましたように、大審院はこう説明しております。「わが帝国は万世一系の天皇君臨し統治権を総覧し給うことを以てその国体となし、治安維持法のいわゆる国体の意味もまたかくの如く解すべきものとす」。そうして、この解釈は、おそらく、わが成文法上の国体概念の説明として、多くの人の賛成するところであろうとおもいます。もっとも、大審院の判例の中にも、多少これとちがったものもございまして、たとえば、朝鮮の独立運動などをいたしましたことをもって、治安維持法第一条の国体の変革に該当するとした判例もあります。そうして、有力な学説としてこれを支持するものもありますが、これはおそらく、多数の人の賛成は得ていないとおもいますから、別といたしまして、ただ今いいましたような国体、金森国務大臣のおっしゃるような国体ではなくて、従来わが国が、治安維持法によって、その変革を厳禁しようとしたところの国体、すなわち、万世一系の天皇が君臨し、統治権を総覧し給うとする原理は、国民民主主義を核心とする新憲法によって、はたしてどういう影響を受けるでありましょうか。これが問題であります。金森国務大臣は、新憲法の下では、天皇は統治権の総覧者たる地位は持っておられないといっておられます。したがって、私がここで申すような意味の国体は、新憲法によって変わっているということを、承認していらっしゃることとおもいます。衆議院での金森国務大臣の御答弁の中でも、もちろん国体が変ったというお言葉はありませんが、そういう趣旨は明瞭に読みとることができると思うのでありますが、どうでありましょうか。

終戦当時、いわゆる国体の護持が問題とせられましたこと、とりわけ昨年の八月十日、下村情報局総裁が、政府は国体の護持と民族の名誉のために、最善の努力をしつつあるという、あの悲痛な声明を発しましたことは、なお私どもの記憶に新たなところでありますす。その同じ日に、わが政府は、ポツダム宣言が主権的な統治者としての天皇の大権を害するような要求を包含していないとの了解の下にこれを受諾する用意がある、ということを連合国に申し入れました。ここに「主権的な統治者」としての、「ソヴリン・ルウラア sovereign ruler」としての、天皇の「プリロガティヴ prerogative」という表現は、頗る明確を欠くのでありますが、その前後の事情の下にこれを解すれば、それが当時護持を叫ばれていたところの国体を意味することは明瞭である。しかも、そこにいわゆる国体は、決して、金森国務大臣のいわれるような国体ではなくて、むしろそれまで国法上用いられた意味の国体、すなわち、治安維持法でその護持を保障したところの国体と、ほぼ同じ意味であったとおもいます。はたしてそうであるとすれば、日本の最終の統治形態が自由に表明された人民の意思によって決定されるとする原理を承認し、国民主権主義を採用することは、理論的にみて、この意味の国体に根本的な変革を与えることといわなくてはならぬと思いますが、いかがでございましょうか。八月十四日の終戦の詔書には、「国体を護持し得て」というお言葉が拝されるのでございますが、主観的統治者としての「ソヴリン・ルウラア」としての天皇の「プリロガティヴ」は、無条件降伏によって、重大な侵害を加えられたのではないでしょうか。少なくも、天皇の統治権の総覧者たる地位を廃止した新憲法の下においては、そういう意味の国体は決して健在ではあり得ないのではないでしょうか。この点に関連して、国体の変革を承認することは、日本民族または日本国家の同一性を否定する、というような見解があるようでありますが、これは不当であると思います。治安維持法にいわゆる国体が変わったとしましても、また、終戦当時護持を叫ばれた国体が変わったとしましても、日本民族は依然として日本民族であり、日本国家は依然として日本国家であります。民族としての同一性、国家としての継続性は、それによって少しも傷つけられることはないのであります。国体が護持され得なかった、国体が変更されたということを正面から承認することは、多くの国民の感情に多大のショックを与えるかもしれません。その意味において、政府がそれを正面から承認することを避けようとするお気持ちは十二分に了解されるのでありますが、日本の政治の民主化という大変革を国民全部の心の中に徹底させるためには、そうした（先ほど板倉議員のお使いになった言葉でありますが）センチメンタリズムを捨てて、冷たい真実に直面することが必要ではないでしょうか。

次に、第六点。明治憲法第七十三条によって国民主権主義の採用を内容とする憲法改正が許されるか、ということであります。従来、学説では、明治憲法第七十三条によって、いわゆる国体の変革を認めることは許されないとせられております。すなわち、明治憲法は治安維持法にいわゆる国体の原理に立脚して作られたものでありますから、その定める憲法改正手続きによって、その国体の変革を定めることは、論理的に矛盾であり、法律的には許されないと解されたのであります。したがって、もし終戦以前において、何人かがこの憲法改正案と同じ内容をもつものを提案したと仮定するならば、その者が治安維持法違反として罰せられるかどうかは別としまして、少なくとも、彼の憲法改正の提案は、おそらく憲法上許されないと考えられたと思いますが、政府はどうお考えになるでしょうか。私はこのたびの憲法改正草案は、その前提として、ポツダム宣言受諾によってもたらされた、わが国の政治体制上の根本的な変革、……この変革は学問的意味において、これを革命と呼んでもいいと思いますが、その言葉がもし誤解を招くおそれがあるとするならば、これをひとつの超憲法的な、憲法を超えた変革と呼んでもよろしいかと思いますが、そういう変革を考えなくては、それが憲法上許される所以を説明することができないと思います。すなわち、この度の憲法改正は、単純な明治憲法第七十三条による改正ではなくて、終戦によって行われた超憲法的な変革にもとづき、その根拠の上に、明治憲法第七十三条によって、しかし、同時にそれを超えて行われる憲法改正だと思うのでありますが、いかがでありましょうか。

最後に、第七点。民定憲法の建前とこの度の憲法改正手続との関係はどうであるか、ということであります。この憲法改正草案は、国民がこれを制定するという建前、いわゆる民定憲法、民が定める憲法という建前に立脚しております。このことは、三月六日の詔書でも、また、改正案の前文でも、きわめて明白であると思うのであります。ところで、政府は、この憲法改正案は明治憲法第七十三条によるものとして取り扱っておられるのでありますが、これは民定憲法という建前とどこまで両立するでありましょうか。明治憲法第七十三条は、御承知のとおり、いわゆる民定憲法の建前はとってはおりません。憲法改正は、議会の議決と天皇の裁可とによって成立する、という建前をとっております。衆議院の速記録によれば、金森国務大臣は、この改正案は明治憲法第七十三条によるものでありますから、もちろん、議会の議決の他に、天皇の裁可があってはじめて成立する、と説明していらっしゃいますが、もしそうだとすれば、この改正は貴族院の意思に反しても、また、天皇の意思に反しても、成立することができないということになるのであります。しかし、そういう建前に基づく憲法改正、貴族院の意思に反しても、また天皇の意思に反しても成立することができないという憲法改正の前文が、どうして「日本国民は……この憲法を確定する」と宣言することができるのでありましょうか。政府の趣旨は、あるいは、この憲法改正は必ずしも民定憲法の建前を採るものではなくて、その改正手続は全く明治憲法第七三条によるものだということにあるとも解せられます。しかし、もしそうだとしますれば、何が故にその前文で、「日本国民は……この憲法を確定する」というような、典型的な民定憲法、たとえば、アメリカ合衆国の憲法で用いられているような言葉と同じ言葉を用いたのでありましょうか。この改正が公布せられる場合は、おそらく公式令によって、天皇が議会の議決を経た憲法改正を裁可するという趣旨の上諭が付けられることと思いますが、そういう上諭の言葉と、この前文の言葉との間には、明白な矛盾があるのではないでしょうか。政府は、明治憲法第七十三条による改正手続きにおいても、国民の代表者たる衆議院の議決があるから、その改正をもって、日本国民がこれを確定したものと考えることがあえて不当ではないと解するもののようでありますが、明治憲法第七十三条によるかぎり、国民の代表者と考えることのできない貴族院や、天皇の意思に反しては、改正は絶対に成立することができないのであります。国民の代表者の意思のみによっては、改正は不可能なのであります。諸国の憲法の前文に、国民がこれを制定する旨を宣言する例はきわめて多いのであります。それらは、いずれも、現実に、国民の代表者たる憲法議会によって制定せられております。国民の代表者でない貴族院の議決と、天皇の裁可なくしては成立することができない憲法の前文に、国民がこれを制定すると書くのは、何としても矛盾ではないかと思います。この矛盾を解決するには、国民が憲法を制定するという建前、すなわち民定憲法の建前に徹するとすれば、天皇の裁可ということは理論的に不要となると考えられますし、また貴族院のそれに対する審議権も、衆議院のそれと同等のウェイトをもつものではない、と考えられなくてはならないのであります。もし、これに反して、後の道をとるとするならば、すなわち、明治憲法第七三条の建前に徹するとするならば、この改正は天皇の裁可と貴族院の議決なくしては成立することができないことになります。

その結果、日本国民はこの憲法を確定するという前文の言葉は、事実に合しないことになると思いますが、この点について、政府はどうお考えになるでありましょうか（了）。

今日の視点からすれば、宮澤の一〜七の質問（意見）はいちいち尤《もっと》もに思える。建前を言えば、宮澤は憲法問題調査会のメンバーだったのだから、こんなことを議会で質問（詰問）するのは筋違いである。

しかし、松本に遠ざけられていた宮澤が、思わぬ貴族院議員に任命され、質問する機会を得て、ギリギリのところで質問（詰問）し、「国体は変わった」ことを明言させたのである。

さらに建前を重ねれば、この論議は、勅撰議員による貴族院ではなく、民選議員による衆議院でやるべきことである。しかし、その時の衆議院には、こういう質問ができるだけの能力はなかっただろう。

天皇機関説事件以後、終戦に至るまでの韜晦期間中の宮澤の言動について、転向しただの、変節しただのという評論をする者もいる。大石内蔵助や原田甲斐の行状をとやかく言うのにも似て、なんだかむなしい。宮澤は長い韜晦期間を過ごし、終戦に至って、昭和十年代初めのように、ケルゼンやラードブルッフに立脚した本格的な法学者として活躍できる時代になったのである。

おわりに

東京大学教授の憲法学者・宮澤俊義は、戦後の日本国憲法制定のために、先頭にたって活躍したと多くの人々が思っているであろう。ところが、実際は、政府の憲法問題調査会は、商法学者（というより政治家）松本烝治の一人舞台だった。松本はポツダム宣言を読んでも、それが世界観や人間観の変革を迫るものだという認識がなく、明治憲法の文言を若干改めるだけで済むと思っていた。彼は学者の意見を受け容れず、何の役割も与えなかった（当時の宮澤の弟子・久保田きぬ子が、宮澤先生は調査会にはほとんど出ていかれなかった。「委員と言っても名だけだよ」とおっしゃってましたと語っている）。

しかも、アメリカ相手の交渉だというのに、英米法の学者を委員に採用していない。委員長が松本烝治でなかったら、ケーディスに対して劣等感や敵愾心を抱くこともなく、英語をめぐる怒鳴り合いなども生じなかっただろうし、内容も、もっと冷静で実質的で深みのある論議がなされたことであろう。

戦後の宮澤俊義が新憲法のオーソリティーとして尊敬されたのは、彼が助教授時代のような科学的合理的な精神を存分に発揮して、自由に活躍できたからで、基本的に能力が高かったからである。

付　記

本稿を書くにあたって、宮澤俊義先生のご息女・遠藤敦子氏、ならびに、宮澤家本家の宮澤辰幸氏から貴重な資料を提供していただきました。この場を借りて御礼申し上げます。

コラム⑧

宮澤俊義の真骨頂

宮澤俊義はドイツ留学中に、ナチスの台頭とワイマール憲法の崩壊を目のあたりにした。ヒトラーは党勢を拡大し政権を獲得し独裁制をしいた（一九三三年）。

時あたかも日本では五・一五事件、血盟団事件など、不穏な事件が頻発した。彼は独裁政治の時代がくるであろうことを憂慮し、民主主義、立憲政治の精神を論文に書き一般向けの雑誌でも果敢に説いた。

これらの論文や論説執筆の基本的姿勢について、宮澤は次のように述べている。「私は何も押し付けず、何も提案しない。私はただ解き明かす」。つまり、現実を自分の想いで色づけして観るのではなく、あるがままに観るという方法で、これは法哲学者ケルゼンの提唱した法学の客観性のための手法である。

宮澤は美濃部達吉の弟子だったとはいえ、美濃部の亜流とか祖述者だったわけではない。美濃部の武器はイェリネックの哲学だが、宮澤のそれは鋭利なケルゼンの哲学だった。

ケルゼンを知る宮澤には、現実政治の問題点が透けて見えた。そしてそれをケルゼンの徒にふさわしく、きわめて明快な文章で著した。それらのなかには天皇機関説事件の前年なのに「独裁政治の民主的扮装」（一九三四年）などという際どい題名の論説もある。

戦後の日本国憲法の解説者として有名になった宮澤俊義だが、学者としての彼の真価と功績はむしろこの助教授時代にあるという学者もいる。

民主制の基本的条件は自由主義だと唱えていたケルゼンはナチスドイツから逐われ、カルフォルニア大学バークレー校に招聘された。

宮澤俊義がそれまでの行きがかりを捨てて、ＧＨＱ草案にいち早く賛同したことを、転向だとか変節だというのは的外れである。戦前戦中は天皇主権論者たちに脅迫され、戦後も松本烝治ら「大先生」たちから遠ざけられていた彼はＧＨＱ草案をみて、遠慮なく助手時代の本領に回帰できたのである。

（『市民タイムス』平成29年9月30日掲載）

第三編　リベラリスト清沢洌の思想

唐人お吉と新渡戸稲造

伊豆下田の唐人お吉は、ペリーの次にやってきたアメリカ総領事ハリスの愛妾《あいしょう》だったということになっている。日米親善のための人身御供《ひとみごくう》になったお吉の哀話は下田観光の目玉である。

ところが、これはでたらめな作り話で、実際のお吉は母と一緒に洗濯女として暮らしていた小娘だった。ハリスが幕府役人に斡旋を依頼したのは、洗濯女や妾ではなくて有能な家政婦だったから、彼は二日でこの役立たず女に暇《ひま》を出してしまった。

下田の町役場にはお吉の母が役人に出した嘆願書が残っている。「私と娘は今までお上がくださる洗濯仕事で暮らしてきたのに、行けと言われた異人の家で暇を出され暮らしていけないのでなにとぞお助けくださ い」。

これは穂高出身の外交評論家清沢洌が書いた史実である。清沢は続けて次のように書いた。

日米親善のために誠心誠意つくしたハリスだが、日本の男尊女卑、蓄妾《ちくしょう》の風習、酒宴での猥褻等々については強い嫌悪感を抱いて日記に記していた。

彼は非差別・非戦・非暴力主義の敬虔《けいけん》なクェーカー教徒（清教徒）で、清廉・簡素な生活をしていた人物だったのである。

こういう十八・十九世紀アメリカ・ピューリタンの精神を知らない役人はハリスが家政婦を雇いたいと言ったのに、妾を求めたと深読みしてお吉をさしだした。人々は彼とお吉の肉体関係を想像して噂話をした。お吉は酒色に溺れて身投げした。

あろうことか、新渡戸稲造《にとべいなぞう》までもがこの下世話な話を真に受けてお吉は日米の架け橋になったと讃え、末路を憐れんで地蔵を建てた（清沢洌著『時代・生活・思想』昭和十一年刊）。

清沢はこの論説で新渡戸稲造を揶揄《やゆ》したが、これは、新渡戸のズレた外交感覚に対する揶揄でもある。彼は日米の架け橋を自任して米国各地で日本の満州侵略の正当性？ を講演して冷笑をかい、失意の裡に客死した。

じつは、清沢は遥か前にハリスの業績に関する本格的な論説を発表している。彼は日米双方の資料を丹念に調べて書いた。
①ハリスは高潔な人物だった。
②彼の対日外交は、武断的でも高圧的でもなく誠実だった。

③ハリスのおかげで、日本は欧州の植民地にならずに済んだ。
④イギリスの歴史家ロングフォードは、「ハリスは世界の外交史上の誰よりも立派である」と評価している。

この論説を収録した昭和二年の著書『黒潮に聴く』は、日本が中国への野心を露わにして国際世界から孤立化し始めた頃に、国際的視野からみた日本の独善性と危険性を説いた本である。

清沢にはこの類の著作が一十数冊もある。当時は右翼からも左翼からも批判され、世論には無視され、政府からは弾圧されたこれらの著作物の内容は、今日からみればみな正しかった。清沢は当時の日本では破格の国際的視野と醒めた判断力をもった外交評論家だったのである。

（『市民タイムス』平成18年1月18日掲載）

清沢洌と石橋湛山

「雪の降る夜は楽しいペチカ、ペチカ燃えろよ……」という唄を聴くと、郷愁というか哀しみというか複雑な想いにかられる。ペチカとはロシアふうの暖炉のことで、ロシア人が作った都市ハルピンに住む幸せな日本人家族の夜の団欒《だんらん》の唄である。

絵葉書で見る満州の都市ハルピンや新京は東京より近代的で美しかった。満鉄特急アジア号は美しい流線型の列車だった。みな、満州には日本にない開放感や希望を感じたものだった。

満州国は日本が作った傀儡《かいらい》国家である。政府は満州を王道楽土だと宣伝し、それに乗じて大勢の日本人が満州に移住した。

日本の敗戦と同時に満州国は消滅した。この属国作りに深く関わってきた甘粕正彦（大杉栄一家殺害の犯人！）は、「大ばくち　元も子もなくすってんてん」という戯《ざ》れ句を遺して服毒自殺したが、戯れ句にするにはその後の事態が悲惨すぎる。在留邦人たちはたソ連の侵攻で筆舌に尽くしがたい苛酷な運命を辿った。命からがらの逃避行、集団自決の阿鼻叫喚《あびきょうかん》、シベリヤに抑留されての塗炭の苦しみ。そして、今も中国が抱いている日本への恨みと憎悪・不信……。

司馬遼太郎はテレビ番組でこう言った。「満州を取って何をするつもりだったのでしょう。私はそのころの偉い人たちに聞いてみたいのです。アジア人のすべてから憎まれ、我々の子孫までもが小さくならなければならないことをやっていながらいったいどれだけの儲けがありましたかと」(一九八六・五・二一)。

こんなことは戦後の今だから言えることで、当時こんなことを言ったらただでは済まない。「非国民め、何を言うか。満州の権益は日露戦争の戦死者一〇万の血であがなったものだ。満州は日本が生きるための生命線なんだぞ」といっていじめられる。

ところがその非国民?がいた。清沢洌と石橋湛山である。戦後に首相も務めた湛山だが、じつは経済誌『東洋経済新報』の社主だった。この専門誌は昔から「満州も朝鮮も台湾も日本の莫大な負担ばかりで、実質的な利益をもたらしてはいない。経済的にも道義的にも放棄した方が賢明だ」と主張していた(これを小日本主義という)。

清沢は同誌の社説を湛山よりたくさん書いていた時期もあったほどだから、似たような考えの持ち主で、投資額や軍費と収益とを比較して、満州政策の膨大な赤字構造を解説している。

それだけでなく、満州に対して特権があるという日本の主張を中国側からみれば「手前勝手」で正当性がないと説明し、武力で満州へ侵出すれば中国の抗日活動暴発に口実を与え国際社会を敵にまわすと説いた。

そもそも日露戦争は英米の強力な支援があったからやっと勝てたのである。その事実を忘れ驕《おご》り高ぶって満州の権益を独占しようとすれば、英米との軋轢《あつれき》を生む。日本は英米と提携して平和的な対中外交をしなければ国益を損ねるというのが清沢の対中政策論だったのである。満州事変二年前の論説である。

（『市民タイムス』平成18年2月17日掲載）

黄禍論への対応

日本はナンバーワンの経済大国だと皆が浮かれていた頃、来日したフランスのクレッソン首相が言った。「日本人は蟻みたいだ」。日本の官房長官も言った。「蟻はキリギリスよりマシだ」。長官はイソップ寓話《ぐうわ》で反撃したつもりなのだろうが、「蟻」の意味を知らなかった。ドゴール大統領も日本人は蟻だと言っていた。彼らが蟻と言ったのは働き者という意味ではない。日本製品が世界中にはびこり、観光ツアーの日本人がルイ・ヴィトンの店に群がる。世界中に日本人が蟻のようにはびこり群がるという嫌悪感の表現で、現代版黄禍《こうか》論なのだ。

黄禍論というのは、黄色人種が世界に禍をもたらすという思想で、黄色人種に対する嫌悪感や蔑視感の表現である。

旧日本軍兵士・横井庄一さんが発見された時、ジョン・レノンとオノ・ヨーコが言った。「日本人はもっと自分たちの黄色人種としての位置を自覚すべきだ。第二次世界大戦が人種差別の戦争だったという自覚がないのは悲しいことだ」。

これは彼らがベトナム戦争批判と併せて語った言葉である。

アメリカ映画『地獄の黙示録』は、ベトナム戦争がレイシズム（人種差別）の戦争であったことを巧みに「黙示」している。ジョン・レノンの名曲『イマジン』は黒人差別と闘ったキング牧師の名言「私にはこの世から差別と争いがなくなるという夢がある」と同じ夢の歌なのだ。

清沢洌は移民先のアメリカ・シアトルから故郷穂高の友人に次のような手紙を書いた。「ここでの日本人への待遇は驚くほど低いのです。ジャップ、スケベイ、彼らはあらゆる侮蔑の声で迎えてくれます……」。

清沢は労働移民としてのアメリカ生活で、日本人に対する人種差別を味わいつくし、黄禍論の脅威を身にしみて覚《さと》った。

その後、アメリカは排日移民法をつくって日系移民受け入れを拒否したが、これは人種的な黄禍意識 yellow peril だけによるものではない。日本が第一次大戦後にドイツから得た南洋諸島がアメリカのフィリピンやグァムを取り囲んで、アメリカ本土から遮断する型になったことによる恐日ノイローゼJapan Periと防衛意識の発露でもある（太平洋戦争中の日系移民強制収容は恐日の極限的な現象だといってよいであろう）。

清沢の論説の底にあるのは、「日本は黄禍論の的であることを自覚して自制した方がよい。感情的な欧米の黄禍論に火をつけるな」という姿勢である。

昭和二年以後の日本は、山東出兵、田中メモランダム、満州事変、上海事変等々、中国への武力侵出の姿勢を露わにした。

清沢は言った。「日露戦後の黄禍論は売られた喧嘩だ。国運を賭けて争うほどの事ではない。だが、その後の日本の膨張主義は欧米の黄禍論に火をつけ、確証を与えてしまった。これは売った喧嘩である。日本の唱える皇国精神やアジアの盟主というスロ！ガンは欧米諸国から気味悪がられ敵視されている」。

（『市民タイムス』平成18年3月20日掲載）

日本人の対米劣等感と敵愾心

十六歳の労働移民だった清沢洌がアメリカでレスラーと日本の柔道家との興業試合を見た。日系人たちは柔道家に期待し声援を送ったが、試合開始のゴングと同時に投げ飛ばされてしまった。もう一度やったが同じだった。賭け試合だったから大勢の日系人観客が損をした（この試合の興行主は、当時ワシントン大の学生だった植原悦二郎で、彼は大損をした。一人の自由主義者は昵懇《じっこん》の間柄で、清沢は植原の仲介によって結婚した。同郷出身の先輩で政治学者の植原が清沢洌の人生や思想形成に与えた影響は大きい）。

清沢は後年にこの試合の経過を詳しく説明したうえで、「日本人は他を知らずに天下無敵だの世界一だのと思いたがるが、そんなのは心の奥底にある劣等感の表れで、はたからみれば、大人の真似をしたがる子どもみたいで滑稽だ」と論じている。

また、彼が仕事でアメリカ滞在中にロサンゼルス・オリンピックが開催された。出場選手は「決死の覚悟」を述べ、負けた者は切腹の前ぶれのような慚愧《ざんき》の涙をしぼった。清沢の言うには、スポーツ試合にまで決死の覚悟をもちだしたり、国をあげての大騒ぎをするのは、劣等感のなせるわざである。対等な相手ならそんなことはしない。

これは清沢だけの見解ではない。戦前の駐日米国大使ジョセフ・グルーは「日本人は未熟な子どものようなものだから子どもとして扱わねばならない」と日記に書いていたし、チャーチルとルーズベルトは、日本に対する最上策は「あやす」ことであると話し合っていた。

当時の日本では、アメリカへの敵愾心《てきがいしん》や日米戦争説の本がたくさん出版されていた。

清沢は「外国から帰ってきて目につくのは日本人の劣等感である。日米戦争説などもこの劣等心理の一つの表れではないだろうか」と言い、対米交渉は敵愾心を持たずに冷静な姿勢で臨むべきことを説いている。「日本でさえやっていないことを米国にのみ強いてこの点だけから米国を非難するのは公平ではない」。例えば、日本は移民を受け入れてはいない。それなのにアメリカの排日移民法に悲憤慷慨《ひふんこうがい》するのは理屈に合わない。しかも日本からの対米移民は年間せいぜい一五〇名ほどでしかない。国運を賭けて争う問題なんかではないのだ。

それに対して日本の輸出入の主要な相手国はアメリカである。アメリカなしには日本経済は成り立たないし、安全もありえない。日本は好むと好まざるとにかかわらず、政治的にも経済的にも米国と相たずさえて生きなくてはならない。日本には国際協調以外の活路はないのだ……。

近頃「日本は経済封鎖をされ、最後通牒に等しいハルノートを突きつけられたのだ。対米戦争に踏み切ったのも当然だ」という言説が流布しているが、これらは日本が国際協調体制から逸脱して招いた結果である。

清沢洌はそうならないようにと政府の外交策を糺《ただ》し続けていた外交評論家だったのである。

（『市民タイムス』平成18年4月20日掲載）

清沢洌と植原悦二郎

清沢洌は愛妻家だった。その愛妻と娘を大正十二（一九二三）年の関東大震災で亡くした。四十九日法要が済んでから郷里の友人・斉藤茂に宛てた長文の手紙は、故人への愛情と哀しみに満ちたもので読む者の胸を打つ。

「四カ年の結婚生活……、口喧嘩すらしたことのなかった平和な家庭生活は終焉《しゅうえん》を告げ……、私は西陽に面して新しい墓標を見つめながらそこを動けませんでした。種々の社会を知る私は今の世にこういう正直で善良な女性のいることが、時々不思議に感じられるほどでした……」。

この女性を清沢に引き合わせたのは、同郷・安曇野三郷出身の政治家・植原悦二郎だった。清沢はその後に年月を経て再婚したが、相手は日本女子大での植原夫人の教え子で、その時も植原夫妻が媒酌人を務めた。

清沢は晩年に至るまで植原家に礼を尽くし、家族ぐるみのごく親しいつき合いをしていた。

清沢は十六歳で労働移民として渡米し、シアトルで植原と昵懇《じっこん》の間柄になった。当時の植原はシアトルのワシントン大学で政治学を学ぶ学生だった。

清沢は大正デモクラシーの旗手・植原から影響を受けたが、この点を考究した研究者はまだいない。植原が「忘れられた思想家」だからであろうか。

植原は、ワシントン大学卒業後にロンドン大学大学院で学んで政治学の学位を取得し、明治四十三年に帰朝した。日本の政治史と憲法を分析した彼の博士論文はイギリスで出版された。

この論文は、明治維新の過程や明治憲法制定過程の特徴を分析し、検討したものである。

その内容が、英国の学者→米国の学者→国務省の役人へと伝授され、降伏勧告のポツダム宣言や日本国憲法に活かされた事実を、最近の研究が明らかにしている（原秀成『日本国憲法制定の系譜』日本評論社刊）。

昭和三（一九二八）年に実施された初回の普通選挙の時に、内務大臣が議会には期待しないと発言した。世論は憤ったが清沢は皮肉った。「内相はさすがに司法省の役人出身だけのことはある。憲法どおりのことを言った」。

そしてそもそも明治憲法自体が、議会軽視の憲法であることを詳しく解説し、批判した（『自由日本を漁《すなど》る』二三四頁）。

清沢のこの憲法論議は明らかに植原の憲法論に拠《よ》っている。

また、清沢は日本人の判断の仕方や物事への処し方について多くを述べているが、その問題意識は植原の指導教授だった高名な政治心理学者・ウォーラスのものであり、清沢は植原の著作によってそれを学んだ（『立憲代議政体論』十四章）。

労働移民として渡米した清沢洌だったが、イギリス政治学者植原悦二郎との邂逅《かいこう》が機縁となって、英米の政治思想に造詣の深い評論家になったのである。

（『市民タイムス』平成18年5月20日掲載）

清冽の自由主義

「近頃の若者は勝手でいけない。自由を履き違えている」と世間の人々は言うが、もともと自由という言葉は気儘《きまま》で勝手という悪い意味なのだから、いちがいに履き違えだと言い捨てるわけにもいかない。

例えば徒然草にもこう書いてある。「盛親僧都《そうず》は世を軽く思ひたるくせものにて、よろず自由にして、人に従ふといふことなし」。

明治初期に、日本にはなかった西洋の概念がたくさん入ってきた。だから新しい翻訳語を作った。「社会」「恋愛」「哲学」等々は新造の日本語である。ところが、ミルの訳者がリバティーという単語に対して「自由」といういやな言葉を当てはめた。そのことを福沢諭吉は次のように批判している。

「リバティーを自由と翻訳したのでは本来の意味を正しく伝えてはいない。自由という言葉は我儘放蕩《わがままほうとう》で国法をも怖れぬという意味だから不適切である。

だが、自主、自専、自得、自若、自主宰、任意、寛容、従要等々の文字を使っても原語の意味を伝えることはできない」。

つまり、現在の「自由」という言葉には、勝手という悪い意味と、リバティーという良い意味とがあり、しかもそのリバティーの意味は一語の日本語で言い表せない。右に列記した言葉の全ての意味をもっているということになる。

それ故か、自由民主党、自由主義、新自由主義、自由主義史観、……それぞれの自由は似て非なる意味で使われている。

清沢洌は自由主義（リベラリズム）を標榜《ひょうぼう》していた評論家だが、この場合の「自由」は自由党とか自由民権運動という類の自由とはニュアンスが違う。

清沢は「自分の自由主義は何らかの政治的立場のことではない。心の姿勢（フレーム・オブ・マインド）のことである」と繰り返し述べている。彼はそれがどういう姿勢なのかを何度も書いているが「我が子に与う」での説明がいちばん簡にして要を得ている。

「お前にお願いがある。……相手の立場に対して寛大な大人になっておくれ。学理や思想を決して頭から断定しない心構えをもってくれ。……お前は一生の事業として真理と道理の味方になっておくれ。道理と感情が衝突した場合には躊躇なく道理につく気持を養っておくれ」。

こういう精神をリベラルという。リベラリスト清沢は、右翼と左翼の両方から責められた。英米嫌いの右翼からは非国民呼ばわりされ、マルクス主義者たちからは「非学問的だ」「時代遅れの自由主義だ」といって批判されたのである。

清沢は、英国の哲学者バートランド・ラッセルや米国の哲学者ジョン・デューイの社会哲学を旨として、自らの自由論を展開していた。リベラルな精神とは無縁の左右の思想家たちがラッセルやデューイの哲学を咀嚼《そしやく》する筈もなく、的外れな批判を繰り返していたのである。

今になってみればまともだったのは清沢の方だった。

（『市民タイムス』平成18年6月21日掲載）

清沢洌の社会思想

映画『誰がために鐘は鳴る』の美男美女ゲリー・クーパーとイングリット・バーグマンの愛は素敵だ。舞台背景がじつにいい。人はスペインの内戦でファシズムと闘う人民戦線の勇士だから、観客は二人の強い使命感と極限状態での愛に感動を覚えるのである。あの恋物語は創りごとだが、右翼と左翼が壮絶に闘ったスペイン内戦は実話で小説家ヘミングウェイはそれを舞台に『誰がために鐘は鳴る』を書いた。

昭和初期の日本の首相たちは、全員が暗殺されるかその未遂、あるいは暗殺計画の対象にされた。

浜口　雄幸（昭五・重傷）
若槻礼次郎（昭六・予備）
犬養　毅（昭七・既遂）
斎藤　実（昭十一・既遂）
岡田　啓介（昭十一・未遂）

これらの人々は昭和初期に首相にのぼりつめたのだから、大正政界の成功者たちである。その彼らがこういう悲劇に遭ったのは、大正デモクラシーの政治体制を一掃しようという世間の風潮の表れに他ならない。

大正デモクラシー運動は藩閥政治への反対運動であった。運動が成就して、大正末期には衆議院の優位、議院内閣制、普通選挙法が実現し、西欧的な政治体制がほぼ実現しかけていた。ところが、ようやくこうなった頃に国内外の情勢が変わってしまっていた。ロシア革命によって共産主義国が誕生した。中国や朝鮮ではナショナリズムに目覚めた抗日運動が起こった。それとあいまって日本にも今までの藩閥批判勢力よりも過激な左翼勢力（社会主義・共産主義）が勃興《ぼっこう》したのである。

これらに国民大衆が感覚的に反作用して、右翼の国粋《こくすい》論を支持し、軍の中国侵略を喝采した。大衆社会のこの気運で大正デモクラシーはいっきに崩壊した。

清沢洌は大正七（一九一八）年に帰国し、そういう歴史の転換期の渦中で評論活動を展開したのである。清沢は右翼や軍の対米認識・外交策を強く批判していたが、彼は左翼だったわけではない。

彼はスペイン内戦に関する論説で「右翼、左翼双方の理想がいくら高くても、どちらにも加担する気持ちは起こらない」と述べている。なぜならば、「互いに自分たちの理想のために相手を殲滅《せんめつ》しようとする。いつ来るのか、本当に来るのかどうかも分からない理想社会のためだと言いながら、今生きている人間を抑圧し抹殺するのは間違いだ」。それに「極左勢力が強くなれば、極右勢力が支持を得て極右ファッショ政権が生まれる」。

こういう考えの清沢は、右翼に対してだけでなく暴力革命を唱える左翼への批判者でもあった。また、彼をいちばん批判したのは左翼思想家たちだった。

清沢は社会主義の必要を言ったが、これは英国自由党・労働党的な社会施策で、当時の英国新自由主義のことであり、マルクス主義とは全く別物である（この新自由主義は、貧富の格差是正に努める福祉国家策で、現政府の新自由主義と名称は同じでも内容は正反対である）。

（『市民タイムス』平成18年7月22日掲載）

清沢洌のアメリカ観

ひと頃のマスコミはホリエモンや村上某をセレブリティー（名士）だと讃えていた。息子だと持ち上げた政治家もいた。日銀総裁も「支援」していた。

高名なドイツの思想家マックス・ウェーバーは、こういう手合いを賤民《バーリア》と呼んで軽蔑した。働きもせずに金を転がすだけで暴利をむさぼるやり方を、道義も品格もない賤民資本主義《パーリア・カピタリズム》であると批判したのである。

元長野県教育委員長の笠原貞行氏は、清沢洌の兄が婿入りした笠原家の新宅（分家）の生まれである。東京で学生生活を送っていた笠原氏は、日米戦の最中に清沢の身近にいた。清沢は言った。「新宅の息子や、この戦争は日本が必ず負けるよ」。

日米間の工業力や経済力の圧倒的な差を考えて、日本の敗戦を予想した人たちはいくらでもいた。真珠湾奇襲を計画し敢行した山本五十六元帥でさえそう判断していたという。

ところが、清沢が説明した理由はそれとは違っていた。

「日本人とアメリカ人とでは人間の質が違う。日本人の労働者は監督がいなければさぼる。アメリカの労働者は誰も見ていなくても、現場に来て作業服に着替えたら契約の時間いっぱいに働く。契約をきちんと守る。こういう自律精神の高い国民の国には太刀打ちできない」。

清沢が笠原氏に述べたというこの話は、マックス・ウェーバーが説いていることとじつによく似ている。マックス・ウェーバーは次のように説いた。

社会の気風が低劣で、利益本位の資本家と賃金奴隷のような国民だけの専制政治の国にはまともな資本主義が育たないことは歴史が証明している。

健全な資本主義は健全な気風の社会だけに育った。

健全な気風とは、労働を尊び、節制倹約に努め、公共のために尽くす等々の宗教的気風のことである。

アメリカは信仰心のあついピューリタン（清教徒）たちが創った国である。建国の父祖の一人ベンジャミン・フランクリンの自伝にみられる数々の徳性、とりわけ、勤労の精神、節制節約の習慣、自律の精神はアメリカでは有識者だけでなく、農民や労働者の特性でもある。

それぞれの人々はそれぞれの職業を、神の召命、神に捧げる天職として勤勉に誠実に励む（『プロテスタンティズムの倫理と資本主義の精神』一九二〇年）。

清沢は「神に近い生活をなし得る農民になるか、キリスト教の伝道師になるか」と志して渡米したが、彼にとって二者は同じものだった。伝道師も農民も神に仕える天職（Beruf）としては同等だからである。

この天職という観念はルターの教えである。当時のアメリカにはこういう高尚な気風がまだ残っていた。清沢はその事実を笠原氏に語ったのである（註　今のアメリカは当時とは全く異質な賎民資本主義の国になってしまった。ホリエモンたちはそういうアメリカへの盲従経済政策が生ん

（『市民タイムス』平成18年8月22日掲載）

だ賤民である）。

「地の塩、世の光」

「アーメンはゴーメンだ」清沢洌は村の悪童たちにからかわれた。小学校を卒業して研成義塾へ通っていた頃のことである（明治三十六年～三十九年）。

研成義塾は、無教会派キリスト教信者の井口喜源治が安曇野穂高で経営した私塾である。当時は耶蘇教《やそきょう》と呼ばれ敬遠されたキリスト教主義の塾だったので、生徒は必ずしも積極的な動機で入学したわけではない。鉄道の開通前で、松本中学への通学が困難だった安曇野の中等教育機関はここしかなかったのである。彼は述懐している。

「この研成義塾には先生が一人しかいない。七つの学年にわたる生徒を一人で教え、地理も歴史も代数も英語も一人で教える。……壁は砂土である。屋根は板屋である。天井はない……。

……春になるとよく聖書と賛美歌を持って万水《よろずい》という水足ののろい川のほとりに行って、若草の上に腰をかけて井口先生の話を聞いたことを思い出す……。

……ピアノやオルガンで習得したのではない賛美歌は間のびがしていて正式のものとは余程違ったものになっている……」。

先生の賛美歌には閉口した清沢だが、教えには深く魂を動かされた。塾を訪れた内村鑑三や山室軍平《やまむろぐんぺい》らの人格にも学んだ。

ある日、清沢少年は有名なキリスト教指導者・山室軍平の講話を聴いて感涙にむせんだ。

「僕らはその熱弁に感涙が出てどうにも止められなかった。それ以来、僕は一貫して山室氏の支持者であり、かつてその人格を疑ったことはない」。

井口先生は、立身出世を目ざさず善き人を目ざせと説いた。

「少年の心は大臣・大将・博士を描く夢のような野心に燃える。他方、先生の教える宗教は、そうした地上の栄達は野花にしかぬソロモンの栄華のごときものだという。僕はそのころ深い煩悶に落ちたものであった。

その後、僕は自ら固く決意して、神に近い生活をなし得る農民になるか、キリスト教の伝道師になるかの一つを目がけてアメリカに渡った」。

清沢のこの志がルターの天職という精神であることは、先月のこの欄（本書二六三頁参照）で説明したとおりだが、アメリカのピューリタンは天職の精神に徹して生活した。

このピューリタンの精神は日本の武士道の精神との類似点が多い。旧藩士の内村鑑三や新渡戸稲造がピューリタニズムに傾倒したことや、井口喜源治が武士道的キリスト者と言われたことも、故なきことではない。

現実にうとい者の理想主義は現実の嵐に吹き飛ばされるが、逆に、理想なき現実主義は現実の波に振り回され迷走する。

清沢洌の評論は常に現実的で具体的だったが、彼の現実主義はその奥に高い理想主義が宿っており、現実に押し流されないバック・ボーンがあった。それは、この世が腐るのを防ぐために尽力する「地の塩」としての生き方である。「幸いなるかな義のために責められし者。汝らは地の塩なり。世の光なり」。

聖書のこの教えを、清沢は少年の日に研成義塾で学んだ。

（『市民タイムス』平成18年9月22日掲載）

満州某重大事件の顛末

たちの悪い相手を批判するとやぶ蛇を招く。本筋とは無関係な秘書の不祥事だの少額の贈収賄だのという類のやぶ蛇に噛まれて、批判した側が失脚し、された側は生き残る。虎の尾を踏むには度胸がいる。

清沢洌が筆禍事件で新聞社を退社するはめに陥ったのは、論説「甘粕と大杉の対話」の思想内容を右翼から攻撃されたからである。

しかし、どうやらこの攻撃はもっと困った問題を隠すためのカモフラージュだったようだ。彼が踏んだ本当の虎の尾は同じ著書に掲載した「張作霖の最後」かもしれないのだ。

昭和三（一九二八）年に満州で張作霖が列車ごと爆殺された。軍は「満州某重大事件」だ、犯人は阿片中毒の中国人だと発表した。

事件の報告を受けた天皇（大元帥！）は、陸軍が犯人だろうからと田中義一首相に軍紀粛正と犯人の厳重処罰を指示した。けれども、元陸軍大将の田中は何も処置せず、一年間も放置しておいたので天皇を怒らせた。「辞任したらどうか」とまで言われて田中内閣は崩壊し、彼は急死した。自殺との噂もある。

じつは、この重大事件は軍首脳も関わっていた組織的な謀略だった。清沢は取り寄せて定期購読していた外国の新聞や雑誌で事件の一部始終を知って、大胆にも陸軍の犯行だと書いた。当時、軍が犯人だと指摘したのは清沢洌だけである。大きな虎の尾を踏んだものだ。

この張作霖爆殺事件はその後の政治史に大きく影響した。

①当初は天皇の田中問責を支援していた元老・西園寺公望がなぜか急に臆病になって、「立憲君主は政治判断に関わるべきではない」という憲法上のたてまえを天皇に説いた。「大元帥」がいわば「あ、そう」というだけの立場に退かされた。

②事件隠しと犯人無処罰で軍人が下克上的になり、やりたい放題の五・一五事件や満州事変、二・二六事件を誘発した。

明治の陸軍大将・児玉源太郎は日露戦争後に元勲・伊藤博文にこう叱責された。

「児玉参謀総長らは満州における日本の地位を根本的に誤解しておる。満州は我が国の属地ではない。清国領土の一部である。日本の権利はロシアから譲り受けた遼東半島租借と鉄道以外には何もないのである」。

関係諸国が中国の独立と領土を尊重し、中国の穏健安全な発展の為に協調するという国際体制をワシントン体制という。

清沢は政友会総裁田中義一がこの体制の反対者であることをかねてから批判していた。案の定、昭和二年に生まれた田中内閣は日本単独で中国を軍事支配する露骨な政策をたてた。ワシントン体制からの離脱である。

そしてその政策案どおりに中国に対する武力介入を始めた。張作霖の爆殺はその流れの中の事件だったのである。

清沢は伊藤博文のような認識を基本とし、ワシントン体制下での日本の立場と外交のありようを説いていた、国際協調論者で国益論者だったのである。

（『市民タイムス』平成18年10月20日掲載）

清沢洌の真価

人に毀誉褒貶《きよほうへん》はつきものだが、清沢洌ほどそれがはなはだしい人物も珍しい。没後に発刊された『暗黒日記』という書名のせいであろうが、彼を反戦平和イデオロギーだけの人、あるいは反体制的な評論家だったと思っている人も多いようだ。

じっさいの彼は過激なことや狂信的なことが大嫌いな醒めた人間で、真の国益を考えて現実的な政策を提言していた穏健な外交評論家だったのである。

だが彼は、昭和十六（一九四一）年二月、内閣情報局によって評論活動を封じられた。封じたのは東條内閣ではなく近衛内閣である。清沢の外交論（対外政策論）は、近衛文麿のそれとは根本的に相容れなかったからである。

近衛は対中認識や対米認識を誤っていた。中国は彼が考えたような「一撃すればすぐに敗ける」国ではなかった。米国は、国際協調体制に背いて中国を侵攻中の日本と妥協するような国ではなかったのに、彼は対米交渉が可能だと錯覚していた。

それに比べれば、清沢の対米認識はまったく醒めていた。日本は国際協調体制に反する中国侵略をやめなければ国際的に孤立するし、日米間の軋轢《あつれき》も解決しないことが分かっていたのである。

今だと当然のような清沢の考えだが、当時の日本ではきわめて少数の異端説だった。当時は誰もが、朝鮮や満州は日本の生存のために必要な属国であり、日本の領土のようなものだと感じていたのである。

国際協調派・親米派の中核的存在だったあの新渡戸稲造でさえ、日本の満州占領が日米関係の根幹を危うくするとは考えもしなかった。彼は、「よく説明すればアメリカは必ず日本の満州占領を理解するはずだ」という幻想を抱いてのアメリカ講演行脚中に客死した。

そのことを考えあわせると清沢の的確な対米認識は特筆に値する。同時代を生きた政治評論家・馬場恒吾（戦後は読売新聞社長）が戦後に述懐している。「戦前戦中に正確な対米認識を持っていたのは清沢洌ただ一人だけだった」。

北岡伸一教授（東大）は彼の著書『清沢洌』（中公新書）で清沢の真価を次のように説明している。「清沢の外交評論は今日ほとんど忘れられているが、彼の言説を当時の国際関係と世論の文脈の中に置いてみなければ清沢を論じることはできない。

満州事変以後の日米関係は直線的に破局に向かったのではなく、複雑で曲折に満ちている。この間の清沢の論説は極めて洞察に富んだものであり、日米関係の重要なターニング・ポイントの全てについて、その意味と帰結とを明確に指摘していた」。

蛇足ながら、当時の国際情勢とそれに対する日本政府の相次ぐ失政の経過を詳しく説明している入江昭『太平洋戦争の起源』（東大出版会）と併せて読めばいっそう分かりやすい。某漫画家が巷間に広めた近頃の傲慢な戦争史観がいかにでたらめであるかもよく分かるであろう。

（『市民タイムス』平成18年11月23日掲載）

『暗黒日記』の今日的意義

アメリカに留学して反米家になった人がたくさんいる。東京裁判や戦後憲法を批判する保守派の江藤淳や西部邁《にしべすすむ》、革新派の都留重人やべ平連の小田実らは、留学中によほどの屈辱感を味わわされたのだろう。松岡洋右はそれがもとで日本破滅への外交を行った（松岡については三輪公忠著『松岡洋右』が詳しい。著者は松中・松高出身）。

「清沢洌は労働移民だったから、舐めた辛酸は留学生の比ではなかった筈ですが、反米家にならずに冷静でいられたのはなぜでしょうか？」、小生の問いに笠原貞行氏が答えた。「清沢おじさんはのんきというか、どうでもいいことにカリカリしないおおらかな人だったのです。『暗黒日記』のきつい表現とは別のおおらかで優しい人柄でした。見識と平衡感覚が豊かで、筋の通った話を聞くたびに私は気持ちがよくなったものです」。

また、意外に思う人がいるかもしれないが、清沢は吉田茂とも昵懇《じっこん》の間柄だった。清沢が書いた『外政家としての大久保利通』を吉田が高く評価し、謝意を表したのがきっかけである。吉田は清沢の没後も遺族に丁重な礼を尽くしていた（吉田の妻は大久保利通の孫である）。だから、清沢が戦後まで生きていれば、戦後派知識人たちは彼をオールド・リベラリストなどと批判したかもしれない。

こういうことを知った上で『暗黒日記』を読むと、読み方も変わってくる。そもそも、この日記は戦争終了のあかつきに歴史書を書くための資料として記録した『戦争日記』であった。彼は終戦の三か月前に急逝したので、予定の歴史書は書かれずに終わったが、この資料を基にしてどういう史観の歴史書を書くつもりだったのかということは、歴史認識の問題かまびすしい昨今ひときわ興味ぶかい。

『暗黒日記』の編者・橋川文三は次のように述べている。

「清沢は当時の政治指導者たちに対して忌憚《きたん》のない批判を続けて倦《う》むことがなかった。しかし、冷然と日本を批判するかのような姿勢の根底にあったのは国士といってもよいほどの烈々たる愛国者の気概である。『ああ天よ、日本に幸いせよ。日本を偉大ならしめよ。皇室を無窮ならしめよ。余は祖国を愛す』という言葉は彼の真情である。……現在この日記を読み直して胸をつかれることの一つは、『敗戦によって日本国民はもっと賢明になれるであろうか』という清沢の憂慮である。彼はむしろ敗戦を経験しても、なお日本人は真に覚醒することはないのではないかという疑念を抱いていたとさえ思われる。

この日記は日本人の権威主義、形式主義、あきらめ、感情中心などの欠点を指摘し、日本の再生を熱烈に希求した愛国者の記述であるだけに、自己批判の模範として現代の我々に生々しく迫る。自分が、国民が、国家が、戦後にどの程度成長をとげたか、もしくは元の木阿弥であるかを省察する多くの手がかりが示されている」（ちくま学芸文庫版『暗黒日記』解題）。

（『市民タイムス』平成18年12月25日掲載）

清沢洌「現代ジャーナリズムの批判」

父よあなたは強かった
　敵の屍《かばね》と共に寝て
　　泥水飲んで草を食《は》み

軍や政府が強制したわけでも頼んだわけでもないのに、新聞社が自発的に作った歌である。これではまるで食い物がなくても戦えと兵士を脅迫しているようなものだが、戦争はまさにそうなった。例えばガダルカナル島での戦死者約二万名の内、戦闘による死者は四分の一だけで他は餓死だった。ガ島を餓島なんぞとよくも書けたものだ。

「新聞は戦争反対だったが、軍の圧力で戦争賛美を書かされた」というのは、大嘘である。

新聞は満州事変以来、戦争を讃えて煽《あお》っていた。満州の戦線から記者が書き送ったでたらめな記事がある。

「北山一等卒は眉間《みけん》から入った弾が頭蓋骨と頭皮の間をぐるりと通って後頭部から抜けたのに軽傷だと思って闘っていた」。

「相沢一等卒は爆弾の破片で足の肉をすっかり取られながらも突貫していった」。

ある新聞は「守れ満蒙＝帝国の生命線」と書いて「満州は日本の生命線」という脅迫観念を国中に広めた。同社の社員たちは、「〇〇新聞後援、関東軍主催の満州戦争」と自嘲した。どの新聞もみな「さあさあ、戦争戦争、イケイケドンドン」とばかりに煽りたてたのだ。じつは、事変を起こした軍は世論の批判を懼《おそ》れていた。明白な統帥権干犯《とうすいけんかんぱん》だったからである。ところがあにはからんや、それを指摘して批判した新聞はなかった。こぞって大喝采した。

それだけでなく、新聞は軍に追従して国際協調派の若槻内閣を叩いた。戦線拡大を抑制しようとする若槻首相や幣原《しではら》外相を支持せずに、猛烈に批判して辞任に追い込んだのである。

これ以後、軍は世論と新聞をなめてかかり、独断で既成事実を作ったその後で、政府に追認させることが当たり前になった。

なぜ新聞はこんなに戦争を煽ったのか。読者（民意）が戦争好きで、戦争に反対する新聞なんか売れなかったからである。

在米時代の清沢洌は新聞記者で編集者だったし、帰国後も英米の情報を入手していたから、日本の新聞の愚劣さと読者の意識の低さには辟易《へきえき》していた。

彼の講演「現代ジャーナリズムの批判」は痛烈である。

「新聞ほどその国の国民性を表すものはないのであります。人間のものの見方や受け取り方は二つあります。一つは感情とか習慣のようなもの。他の一つは理性です。新聞は明治初年の頃は理性に働きかけましたが、今は感情に働きかけています。

新聞が五十万、百万という読者を得るためには全ての人の要求を満たしてやるような内容でないといけません。全ての人の要求を満たすには、国民が持っている未熟な感情にうったえなければ受け容れられないのです。そこで編集者は、心ならずも大衆の意に追従して快いことを書くようになるのです。

新聞は国民性の鏡なのですから、ジャーナリズム批判は、国民性への批判でもあります」。

（『市民タイムス』平成19年4月26日掲載）

清沢冽の翻訳書『極東の危機』

松本健一氏が、新著『日本の失敗』（岩波現代文庫二〇〇六年六月刊）で、「新しい歴史教科書をつくる会」藤岡信勝氏の史実誤認を指摘している。

藤岡氏は「日中戦争が侵略戦争だというのは、東京裁判で決められた東京裁判史観だ」と公言しているが、松本氏は「満州事変が国際法に背いた侵略戦争だというのは、事変勃発当時の国際常識だった」という。

著者・松本健一氏はその原稿を『評伝・佐久間象山』（中公叢書）の原稿と併行して書いていたという。

長野県歌にも謡《うた》われている佐久間象山は、かの勝海舟や吉田松陰らの師である。「象山はペリー来航当時に植民地化を防ぐための具体的な国家戦略を提唱していたナショナリストである」と松本氏は言う。

そういう松本氏をナショナリストだと人は言う。その松本氏による藤岡批判なのである。

国際法というのは刑法のように正邪善悪を決めたものではない。国家間の協定のことで、満州事変で日本が破ったのは、パリ不戦条約、国際連盟規約、中国に関する九ヶ国条約である。

いずれも、第一次大戦の惨禍を味わった国際社会が再発防止のために結んだ協定である。

その協定を破って軍事的侵略に成功した日本を見ならってイタリヤはエチオピアを侵略した。ドイツは国際連盟を脱退し、ズデーテンを武力併合した。つまり、満州事変が第二次世界大戦への道を開けたのである。

著者・松本氏はこれらの経緯を詳しく説明した後、「国政担当者や戦争指導者が国際社会のルールを踏みにじるなら、後からその国際社会のルールによって制裁される結果を甘受しなければならない。A級戦犯がそういう政治的選択の責任を負うのは、政治家や軍人として当然である」と述べている。

ところで、松本氏が論拠としているのは『極東の危機』という論説で、米国の元国務長官スチムソンが書いたものである。

清沢洌はこの論説が発表されるとすぐに翻訳して紹介した。雑誌『中央公論』の別冊付録だが、付録とはいっても今どきの新書版二冊分ぐらいの分量はある。スチムソンの論説の他に、「パリ不戦条約」「国際連盟規約」「中国に関する九ヶ国条約」の全条文も掲載してある。

昭和十一（一九三六）年十一月のことで、同年の二月には二・二六事件、その前年には天皇機関説事件があった。つまり、狂信的軍国主義者たちが支配していた時だから、清沢個人の見解は述べていないが、翻訳して紹介した彼の意図は明白で、「日本が国際法蹂躙の侵略国だということは世界の常識である」という事実を国民に知らせるためである。

だが、この企てには何の反響もなかった。当時は近衛文麿の煽動的《せんどうてき》な国際協調否定論の方が大衆人気があったからである。

翌十二年に近衛内閣のもとで日中戦争を始めた。さらに国際法蹂躙を重ねたのである。

自国が国際法を蹂躙した侵略国であることを、国民が知ったのは戦後になってからだった。

（『市民タイムス』平成19年5月25日掲載）

犬養毅の晩節——清沢洌の酷評

五・一五事件で殺された犬養毅は筋をとおした立派な政治家だったと誰もが思っている。ところが、清沢洌は後年の犬養毅が大嫌いだった。犬養がまだ存命で活躍中だというのに「犬養を葬る辞」という過激な新聞コラムを書いた。

「朝起きて自分の使おうとした歯ブラシがもう濡れていたような不愉快な気持ちだ」。

清沢が犬養に対してこういう嫌悪感を抱いたのは、少数野党の党首犬養が長年の政敵だった政友会に寝返ったからである。

「犬養は憲政を擁護し、金権を排して、少数政党ながら純理と主義のために年来の政友とも袂を分かってきたのに……。人間だ、大臣になったら気がゆるんだ。政権の柔らかい手が完全に彼を魔し去った。……われらはこういう私情に屈しない彼に公人としての尊敬を払ってきたのに今やそれが裏切られた」。

犬養に対する清沢の洞察は的確だった。やがて政友会党首になった犬養は相手政党から政権を奪うために軍と結託したのである。軍を治める権限を統帥権というが、犬養や鳩山一郎は、「浜口内閣が軍縮条約を結ぶのは、統帥権干犯（違反）だ、憲法違反だ」と主張した。憲法学者の美濃部達吉は、「何ら違憲ではない。鳩山や犬養の憲法解釈の方が間違いだ」と批判した（美濃部のこの批判は後に彼が天皇機関説事件で逐われる原因の一つになった）。

軍が始めた満州事変や支那事変は、天皇が知らぬ間にやったことだから、軍は天皇の統帥権を侵したのである。軍の方が統帥権干犯をやったのだ。軍はこのように統帥権規定を誤用し、悪用して日本を戦争禍に陥れたが、最初に政治的悪用をしてみせたのは犬養毅だったのである。

陸軍省や海軍省の首脳たちさえ軍縮条約に賛成していたのに、野党の犬養や鳩山らは海軍内の軍拡派と共謀してこの条約に反対した。テロで重傷を負った浜口首相を連日深夜まで国会で責め続けて死に至らしめた。

やがて首相になった犬養は極右の荒木中将を陸相に据えた。犬養内閣は始めから軍強硬派との連携内閣だったのである。

清沢はその荒木を次のように公然と酷評した。「謙遜ということを知らない荒木が盛んにしゃべる皇道精神とアジア精神、東洋の盟主等が外国で紹介され、日本への恐怖を生んでいる。ムッソリーニでさえ、日本人は不思議な論理をもてあそぶ国民でインチキ臭い、と言っている」。

犬養毅は議会政治を守ろうとしたので殺されたというのは事実に反する俗説である。彼は統帥権干犯問題を政争の具として軍の政治支配をもたらし、議会政治の墓穴を掘ったのである。

しかも、彼がやったのは軍縮条約反対演説、つまり国際協調体制反対の意思表示である。結果的に彼は軍を煽り、国際情勢を知らぬ国民の好戦気分を煽って、日本が国際的孤立の道を辿る地ならしをしたのである。

「犬養は策士森恪幹事長に曳きずられて晩節を汚した」。松本清張の厳しい評価である。

（『市民タイムス』平成20年5月14日掲載）

植原悦二郎関係出典資料

植原悦二郎　Political Development of Japan　1867-1909.（London Constable and Co.,1910）

〃　『立憲代議政体論』博文館　一九一二（明治四十五）年

〃　「憲法上の謬想―上杉、美濃部、市村博士の論争批評―」（『東洋時論』大正元年八月号）

〃　「我国憲政発達の九大障害」（近代日本思想体系三十三巻『大正思想集Ⅰ』筑摩書房　一九七八）

〃　『日本民権発達史』政教社　一九一六（大正五）年

〃　『デモクラシーと日本の改造』有斐閣　一九一九（大正八）年

〃　『日本民権発達史・第弐～第四巻』日本民主協会　一九五八（昭和三十三）年

〃　『八十路の憶出』植原賢治二　一九六三（昭和三十八）年

植原悦二郎他　『植原悦二郎と日本国憲法』植原悦二郎十三回忌記念出版刊行会　一九七四（昭和四十九）年

宮本盛太郎　「植原悦二郎における国民主権論の形成」（『日本人のイギリス観』御茶の水書房　一九八六年）

長尾龍一　「大正デモクラシーと英国」（『史学雑誌』九七巻第一号所収）

〃　『日本法思想史研究』創文社　一九八一年

〃　『日本国家思想史研究』創文社　一九八二年

〃　『日本憲法思想史』講談社学術文庫　一九九六年

〃　『思想としての日本憲法史』信山社　一九九七年

〃　『アメリカ知識人と極東』東京大学出版会　一九八五年（再刊『オーエン・ラティモア伝』信山社　二〇〇〇年

〃　「植原悦二郎伝点描」（『植原悦二郎集』信山社　二〇〇五年所収）

長尾龍一・坂野潤治「憲法史と政治史」（『日本憲法史叢書2 憲法史の面白さ』信山社　一九九八年）

長尾龍一・伊藤隆「国体と憲政の妥協と闘争」（『日本憲法史叢書2 憲法史の面白さ』信山社　一九九八年）

G・ウォーラス　石上良平・川口浩訳『政治における人間性』創文社　一九八五年

松尾尊兊　『大正デモクラシー』岩波書店　一九七四年

酒井哲哉　『大正デモクラシー体制の崩壊 内政と外交』東大出版会　一九九二年

三谷太一郎　『大正デモクラシー論―吉野作造の時代―』東大出版会　一九九五年

家永三郎　「美濃部達吉の思想史的研究」『家永三郎集』第六巻　岩波書店　一九九八年

井上清・渡部徹編『大正期の急進的自由主義』東洋経済新報社　一九七二年

坂野潤治　『近代日本の外交と政治』研文出版　一九八五年
掛川トミ子　「天皇機関説事件」（橋川文三・松本三之介編『近代日本政治思想史Ⅱ』有斐閣　一九七七年所収）
姜克美　『石橋湛山の思想史的研究』早稲田大学出版部　一九九二年
増田弘　『石橋湛山研究「小日本国主義者」の国際認識』東洋経済新報社　一九九〇年
〃　『政治家追放』中央公論社　二〇〇一年
松本清張　『昭和史発掘4・6』文春文庫　一九七八年
〃　『史観宰相論』文春文庫　一九八五年
五百旗頭真　『米国の日本占領政策上・下』中央公論社　一九八五年
五百旗頭真・北岡伸一編『開戦と終戦―太平洋戦争の国際関係―』星雲社　一九九八年
袖井林二郎　『マッカーサーの二千日』中公文庫　一九七六年
工藤美代子　『悲劇の外交官―ハーバート・ノーマンの生涯―』岩波書店　一九九一年
高柳賢三他編『日本国憲法制定の過程』有斐閣　一九七二年
鈴木昭典　『日本国憲法を生んだ密室の九日間』創元社　一九九九年
佐々木毅編　『現代政治学の名著』中公新書　一九八九年
竹前栄治・阿部史信『憲法制定史　附ケーディス回想録』小学館　二〇〇〇年
原秀成　『日本国憲法制定の系譜』日本評論社　二〇〇四年
サンソム　『西欧世界と日本』上・中・下　ちくま学芸文庫
グルー　『滞日十年』上・下　ちくま学芸文庫
ボートン　『戦後日本の設計者―ボートン回想録―』朝日新聞社

植原悦二郎主要著作・論文一覧

単行本

Political Development of Japan　1867-1909.（London Constable and Co.,1910）

　註、この論文は植原家及び明治大学の戦災で焼失した。国内では現在入手不可能である。London School of Economics and Political Sience の所蔵論文からコピーしたものが、安曇野市立中央図書館に収蔵されている。

通俗立憲代議政体論　一九一二（明治四十五）年　博文館（信山社『植原悦二郎集』に集録）
日本民権発達史　一九一六（大正五）年　政教社
現代英国の産業革命　一九一六（大正五）年　政教社
憲法の進路　一九一七（大正六）年　政教社
犬養毅とロイド・ジョージ　一九一七（大正六）年　猶興社（信山社『植原悦二郎集』に集録）
デモクラシーと日本の改造　一九一九（大正八）年　有斐閣
欧州戦後の資本と労働　一九二〇（大正九）年　精文館書店
支那現状の解剖　一九二八（昭和三）年　東海道書店
経済的破滅か振興か　一九三〇（昭和五）年　政友会北信八州大会
帝国内外の情勢　一九三四（昭和九）年　政友会北信八州大会
憲法擁護と大政翼賛会　一九四〇（昭和六）年　皇道会本部
新生日本と民主主義　一九四五（昭和二十）年　二葉書店
何故戦争を起こしたか何故負けたか　一九四五（昭和二十）年　二葉書店
現行憲法と改正憲法　一九四六（昭和二十一）年　東洋経済新報社
国会の盲点　一九五三（昭和二十八）年　東洋経済新報社
日本民権発達史（弐巻～四巻）　一九五八（昭和三十三）年　日本民主協会
日本の政治はどこへ行く　一九六〇（昭和三十五）年　日本民主協会
民主主義と議会の運営　一九六〇（昭和三十五）年　日本民主協会
民主主義と国会と国民のありかた　一九六一（昭和三十六）年　日本民主協会
八十路の憶出　一九六三（昭和三十八）年　植原賢二
植原悦二郎他『植原悦二郎と日本国憲法』一九七四（昭和四十九）年　植原悦二郎十三回忌記念出版刊行会
植原悦二郎『植原悦二郎集』　二〇〇五（平成十七）年　信山社

『立憲代議政体論』をはじめ植原の主要な憲法論を集録した論文集（信山社の日本憲法史叢書第9巻）

雑誌掲載論文（枚挙に暇ないほど多数あるが、憲法関係の左記四点は信山社『植原悦二郎集』に収録されている）

『国家及国家学』「上杉博士の憲法論を評す」（大正五年五月号）など多数。

『東洋時論』「憲法上の謬想―上杉・美濃部・市村博士の論争批評」（大正元年八月号）など

『第三帝国』「我憲政発達の九大障害」（大正三年十月）など。

『日本及日本人』「吉野氏の憲法論と民本主義」（大正五年五月号）

（なお、松田義男氏による完璧な文献目録が web up されている）

植原悦一郎に関する研究書

宮本盛太郎『日本人のイギリス観』御茶の水書房　一九八六年

高坂邦彦『清沢洌と植原悦二郎―戦前日本の外交評論と憲法論議―』銀河書房新社　二〇〇一年

原秀成『日本国憲法制定の系譜』日本評論社　二〇〇四年

（日本国憲法は、植原の学位論文がその基になっているということを詳細に論じた論文）

長尾龍一「植原悦二郎伝点描」（『植原悦二郎集』信山社　二〇〇五年所収）

追悼　高坂邦彦先生――あとがきに代えて

令和四（二〇二二）年十一月二十二日、高坂邦彦先生は帰らぬ人となられた。享年八十一であった。

私が先生に最後にお会いしたのは、九月七日であった。本書の発刊に向けた編集途中の打合せで、先生のご自宅でお話ししたのが最後となった。たまたま、ボランティアで行っていた町づくりの全国大会実施の実行委員会事務局長を務めていた私は、目前に迫った大会（十月十五日・十六日実施）準備に追われ、その後、先生の本の編集作業を一時中断、先生に心の中で発刊が遅れることをお詫びしながら、そのイベント準備に奔走していた。

大会が終わり、これで漸く日常に戻り先生の本の発刊を急ごうと、ご無礼を謝し、これから全力を挙げて編集作業に取り組む旨をお伝えしようとご自宅にお電話をさしあげたのが、十一月の初めであった。

ところが電話口に出られた奥様から、十一月下旬にもう一度お電話をいただけないかとのこと。詳しい内容をお聞き出来ないまま、電話を切った。ご高齢であられた先生のことだから、体調を崩され入院されたのだろうと、直感した。しかし、そのときまさかそんなにお体が悪いとは夢にも思わなかった。あまりしつこく体調をお聞きするのも失礼かと、私は電話を切ったのだが、今から思うとイベント準備に血道を上げていた自分が情けなく、なぜもっと頻繁に先生と連絡を取らなかったのか、そのことがとても悔やまれてならない。

高坂先生にお会いしてからわずか五か月、その間直接先生の謦咳に接することができたのは三回のみであった。先生と何十年もお付き合いさせていただいたわけでもない。しかし最初にお会いしてから、先生の熱く語るお話にどんどん吸い込まれていく自分を感じていた。

高坂先生は大学の先生でもなく、研究機関の学者でもない。在野にあってこれほどまでに深く学ばれ、問題意識をもちながら歴史、とりわけ日本国憲法の成立過程を克明に追い求められている姿に、私は深い畏敬の念を覚えた。

本書編集を行いながら、先生の深い洞察力、巷間に伝わる俗説を一つひとつ検証し、自らの言葉で日本国憲法の意義を説く先生の凄さに、舌を巻く思いであった。その研究は、法律の専門家、著名な長尾龍一氏（元東大教授）の推挙により、信山社の日本憲法史叢書『植原悦二郎集』として纏められ出版された。このことは、先生の研究が真実を突き、その水準も高いことを証明している。

明治憲法下で、イギリス流自由主義者を標榜し、「国民主権論」を持つ憲法論を展開した若き政治学者植原悦二郎に着目した先生の慧眼には、深く敬服するばかりである。改憲論議が喧しい昨今、私たちはもう一度日本国憲法の成立過程、そしてその憲法に込められた先人たちの思想と思いを素直に学ばなくてはならないかと思う。先生は何度も強調されているが、日本国憲法が占領軍による押しつけ憲法であるという認識は全くの間違いで、植原悦二郎が大正時代に唱えていた憲法論をアメリカ側憲法起草者たちが学び、その思想に基づいて日本国憲法の草案がまとめられたのだ。

植原が大日本帝国憲法に「国民主権」「象徴天皇制」「責任内閣制」が込められていると解き、日本国憲法の源泉は実に植原のイギリス流政治学にあったことに私は深く感動している。

さらには憲法学者宮沢俊義、本物の民主主義を説いたリベラリスト清沢洌、高坂先生は研究対象とされたこれら偉大な人物たちの足跡とその思想を追い求めることで、危うい時代にさしかかっている日本の行く末に警鐘を鳴らし続けたのだと、私は考えている

本書は、製作途中で不幸にも著者高坂邦彦先生がご逝去なされた。完成間近の状態にあり、私は正直どうしてよいか迷っていた。しかし、奥様がぜひ本書を完成させ、世に出して欲しいとの強いご意志を示され、本書を上梓することができたのである。そして奥様ご自身が丁寧に校正もされ、私どもも気づかなかった誤字を指摘された。おそらく奥様は先生と一緒に

勉強されてこられたと私は推測している。奥様の姿を拝見して、私は先生ご夫婦の強い愛情と絆に感動したのであった。

私の不徳の致すところで、本書の完成を見ずして、高坂先生が逝かれてしまわれたことをどうお詫びしてよいか言葉を知らない。心よりお詫び申し上げたい。まだまだお聞きしたかったこと、ご指導をいただきたかったことが山のようにある。

いままさに日本の国は、防衛問題でおおきな転換点を迎えている。七七年前、不戦の誓いをたてたはずの国民は、どこにいってしまったのだろうか。

奇しくも本書完成が、あたかも日本の防衛問題が、これまでの「専守防衛」の枠から逸脱し掛かっているときになされたことに、大きな意味があると感じている。

高坂先生の教え子、あるいはご関係者の皆様を差し置いて、私ごとき者が、僭越にも追悼の辞を書かせていただいたことを深く謝すとともに、高坂先生の御霊の安らかならんことをご祈念して筆を擱かせていただく。

合掌

二〇二二年師走

有限会社龍鳳書房代表取締役　酒井春人

著者略歴　高坂邦彦（こうさか・くにひこ）

1941 年　長野市生まれ
1963 年　諏訪清陵高校を経て信州大学教育学部卒
1963 年～長野県内各地の小・中・高校教員として勤務
2000 年 3 月　穂高町立穂高中学校長を最後に退職
(1979 年～ 1980 年　東京大学法哲学研究室内地研究員)
著作：『デューイ哲学と弁証法』
『カール・ボパーの哲学概要』
『生徒指導の理念と方法』『教育考現学のために』
『校長講話集録　空を見よ』『私家版・教育論集』
『清沢洌と植原悦二郎』（銀河書房新社）
『日本憲法史叢書 9　植原悦二郎』（信山社）
『犬の遠吠え ごまめの歯ぎしり』
『清沢洌の外交評論と自由主義』『植原悦二郎の憲法学』『佐久間象山 幕末の国策論』他

植原悦二郎の国民主権論　日本国憲法の源泉

二〇二三年一月十日　第一刷発行

定価　本体二八〇〇円＋税
著者　高坂邦彦
発行者　酒井春人
発行所　有限会社龍鳳書房
〒388-8007
長野市篠ノ井布施高田九六〇―一
電話　〇二六（二四七）八二八八
印刷　㈲山本マイクロシステムセンター
製本

©2023 Kunihiko Kousaka Printed in japan

ISBN978-4-947697-77-6
C0021